Papago indiánok

az óriáskaktusz országában

Mihály Márta

Scada
Publishing

SCADA.LONDON@GMAIL.COM

2011 © L. & M. Orlóci

ISBN-13: 978-1466282421

ISBN-10: 1466282428

Title ID: 3680817

Distributed by Amazon **CreateSpace.com**

See note for English speakers on page 4.

Printed in the United States

PAPAGO INDIÁNOK AZ ÓRIÁSKAKTUSZ ORSZÁGÁBAN

A könyv tartalma a Papago nemzet östörténetével és társadalmi életével foglalkozik. Ismerettára könyvtári és helyszíni kutatásokra alapozott. Ilyen részletességgel elsőként mutatja be a Papago kúltúra gazdagságát a Magyar olvasóinak. A szerző diplomás erdömérnök (DFE, Sopron) and forester (BSF, the University of British Columbia). A Papagok történetével erdömérnök akadémikus és szerző férjével az Arizonaban eltöltött szabatikai év során került kapcsolatba.

English title: "Papago Indians in the Land of the Giant Cactus"

The book's topic is the history and the social life of the Papago nation from ancient times to present. The book's contents are based on library and field research, presenting the Papago culture in detail, the first time for Hungarian readers. The level of presentation is 'popular science'. The author has diploma in Forest Engineering (DFE) and a bachelor's degree in Forestry Science (BSF). She came into first contact with Papago history in Arizona on sabbatical leave with her husband.

Tartalomjegyzék

ELŐLJÁRÓBAN	6
NOMÁD ÉVEZREDEK	9
A BERING-FÖLDHÍD	11
A PAPAGO INDIÁNOK ŐSEI	14
ISTENEK ÉS LÁTOMÁSOK	17
RÉGI ÉLETMÓDJUK	24
A SIVATAG NÖVÉNYVILÁGA	30
SZARVASTÁNCOK	36
VÍZ, VÍZ – OH! NINCS VÍZ!	39
COYOTE: A SIVATAGI PRÉRIFARKAS	49
SAGUARO ÉS A FELHŐK VARÁZSLATA	51
ARATÁS	53
KAKTUSZ KALENDÁRIUM	55
NAWAIT - ESŐVARÁZSLÁS	59
A SÁMÁNOK JÖVENDŐLÉSE	63
SPANYOL JEZSUITÁK	64
ARANYÁSÓK	67
INDIÁN REZERVÁCIÓK	68
REMÉNYKEDÉSEK	74
JÖVENDŐLÉSEK	76
EMLÉKKÖNYVEMBŐL	77

ELŐLJÁRÓBAN

I'itoi, the man in the maze.

"The story of I'itoi is the story of every human being, travelling through life as through a maze, taking many turns while growing stronger and wiser as death at the dark centre of the maze comes closer".[1]

Papago Indian

Olvasmányaink, vagy csupán merész képzeletünk, sok esetben kiszínezi egy-egy népfajta küllemét, szinte kalandossá varázsolja életét. Minél messzebb van földrajzilag ez a népcsoport, annál kalandosabbnak tűnik az életmódja. Ez különösen igaz, ha az életformájuk nagyon különbözik az átlagtól. Sok esetben értesüléseink nem valósak, vagy időt állók. A legtöbb európai ember, ha a bennszülött észak-amerikai indiánra gondol, akkor képzeletében egy bronzszínű, mezítelen, festett testű, vagy vadbőrökbe bugyolált, tollakkal erősen feldíszített embert lát, aki dobok pergőzenéjére táncol, hangos indiánüvöltések között. Sokan a dicséretre méltó és "nemes vadember"-ről beszélnek, akinek az élete teljes összhangban van a természettel. Mások kikiáltják, hogy az indián minden haladás kerékkötője, elmaradott műveltségű emberfajta. Igen-igen ritkán sikerült ábrázolni őket, mint átlag indián embereket, akik iparkodtak és ma is próbálkoznak beleilleszkedni a nehéz társadalmi környezetükbe. Ennek az indián embernek és környezetének bemutatása a célkitűzése e kis tanulmánynak.

---

[1] Szabad fordításban: "Itoi, az ember az élet útvesztőjén. Itoi élete az ember története, ahogy az élet útvesztőjén kanyarogva egyre erősebbé és bölcsebbé válik, amint az elmúláshoz közeledik az útvesztő központjában. "

Remélem eredetük, vándorlásuk és környezetük megismerése megvilágítja az észak-amerikai indiánok lelkivilágát, hitét és mindennapi életét. Szokásaikat, vallásos és sajátos törzsi jellegüket, melyeket nem a szomszédos népektől tanulták, hanem a környezetük alakította ki az évezredek során. A papago indiánok életében több ezer éven át az eső volt a főszereplő. A sivatagi aszályok, víz és ennivalóban sokszor szegényes életkörülmények formálták jellemét, környezetének tiszteletét és az eső szinte imádással határos ünneplését. Csak ezeken az életformáló tényezőkön keresztül érthetjük és találhatjuk meg az igazi indiánt, az embert, aki sok mindenben olyan, mint mi. Reményeink és mindennapi gondjaink igen hasonlóak, csak a bőrünk színe és bölcsődalaink nyelvezete más. Szeretetről, békéről és jobb életről álmodunk mindketten. Jó anyám is a Hargitán ilyen reménnyekkel rengette cserefabölcsőmet, magyarul fűzte jövőbe-látó álmait, és hitte, hogy életem csillagja szerencsés utakon jár. Bizonyosan ugyanez volt Shook papago mama álma is. Kicsi gyermekét a hátára kötötte és a kukoricaőrlés hajlongó ritmusával rengette, miközben pima nyelven mesélte a múltat és fűzte szép álmait a jövőről. Nyelv, életmód, szokás, bőrszin és kisebb testalkati változatosságok alakítják ki a különböző népcsoportokat, de végtére is mindnyájan a nagy Homo sapiens faj tagjai vagyunk.

A történelemből jól ismerjük a sok vadnyugati, törvényektől mentes indián és fehér ember vérengző összeütközéseit. Itt legtöbbször nem az emberek, hanem mint mindig, a fegyverek győztek. Az indiánnak nem volt puskája, eleinte a fegyveres idegeneket mágikus erejű isteneknek hitte. Mire feltisztult a puskapor, elfutottak a fehér puskás istenek. Megtizedelve, fegyverek nélkül, természetesen a saját hadászati módszereikkel próbálták védeni életüket. Ezek miatt nevezték őket, igazságtalanul, vad embereknek. Ebben az egyoldalú, az indiánok részéről érthetetlen föld-víz-vadászat tulajdonjogért folytatott háborúskodásban sok indián törzs lélekszáma néhány évtized alatt jelentősen lecsökkent. A gyengébb és kisebb törzsek kihaltak, vagy beleolvadtak a népesebb családokban.

Később a megmaradottakat meggyalázták, rezervátumokba kényszerítették, mintha nem lett volna elég hely számukra Észak-Amerikában. De a vörös ember túlélte mindezt. Számuk megkétszereződött a második világháború óta (közel egy millió). Hangjukat hallatják, önrendelkezési jogaikat és múlt században elfoglalt földjeiket követelik vissza az illetékes kormányoktól. Részt kérnek az állam vezetéséből, de mindenek felett saját maguk akarják irányitani törzsi életüket. Ahogy D'Arcy McNickle, a Laposfejű (Flathead) törzsfőnök mondotta, "bár az indiánok megváltoztatták ruházatukat, gazdasági életüket, házaikat, beszédmodorukat, néha még a vallásos szertartásaikat is, azért megmaradtak indiánnak". Minden fizikai megtorlást elviseltek, de indián lelkületük legyőzhetetlen maradt. Ebből a lelkületből pedig tisztelet és védelem fakadt minden élőlény iránt. Remélem tanulmányomban sikerül ezt a szerény, győztes-lelkű, misztikummal töltött embert és otthonát bemutatnom.

London, Kanada
2011 augustusában

Mihály Márta BSF, DFE

NOMÁD ÉVEZREDEK

José de Acosta barát - a spanyol Jezsuita hittérítő már - 400 évvel ezelőtt feljegyezte gondosan vezetett tudósításaiban, hogy tudomása szerint az észak-amerikai indiánok ázsiai eredetűek. Az akkori tudományos világ felfigyelt erre a hírre, többen el is hitték a jó atya állítását, de nehezen képzelhették el, hogy miképpen is kerülhettek az indiánok Ázsiából erre a földrészre. Pedig a mai kutatási eredmények is a kelet ázsiai eredetet igazolják.

Ennek bizonyítása csak közvetett, mivel nincsenek emberi csontmaradványok ebből az időből. A leletek hiányát részben az északi hideg éghajlati viszonyok és ezzel járó fizikai problémák okozzák. A talaj állandóan fagyott, csak a felszíne olvad fel 15-20 cm mélyen, a rövid nyári időszakban, de éjszakánként ilyenkor is fagyhat. Ez a váltakozó fagyás-olvadás igen romboló és porlasztó minden talajfelszíni maradványra. A jégkorszak végén fokozatosan visszahúzódó jégárak is leradírozták a felszínt. A földalatti leletek feltárása, ott, ahol nem volt eljegesedés, éppen az állandó fagyott talaj miatt, igen nehézkes.

Az antropológusok összehasonlították a mai főbb népcsoportok külső megjelenési formáit és néhány mérhető anatómiai tulajdonságait. Az eredmények megvizsgálása után kiderült, hogy az észak-amerikai indiánok legjobban a kelet szibériai emberekre hasonlítanak. A leghasonlóbbak a fogak. A két nép fogformái, a metszőfogak belső felületei és a nagy őrlőfogak koronájának felületi domborulatai, vagy fogbütykei sok esetben majdnem egyformák voltak. Kevésbé hasonlóak a dél-kelet ázsiai népek fogaihoz és legjobban elütnek az európai népek fogától. Ezek a tulajdonságok megbízható összehasonlítási jellegek, mert mérhetőek.

Keveset tudunk ezeknek az ős-indiánoknak a külső megjelenéséről, mivel eddig még nem találtak ebből az időből megbízható emberi csontmaradványokat. A legidősebb leletek csak 12,000 évesek. Három ember típusú (Homo sapiens) koponya került felszinre Texasban, ezekből egyik sem mutat erős ázsiai, vagy indián vonásokat. Ezzel a koponyacsontok segítségével rekonstruált ember külső jellegei alapján nem sorolható be a ma élő főbb embercsoportok közé. Ez természetes, ha figyelembe vesszük a régészek véleményét, akik szerint a jellemző fizikai különbségek a mai embercsoportok között csak az utolsó 20 ezer évben alakultak ki. Ahogyan később látni fogjuk, a Bering-szorost víz takarta ez időszak legnagyobb részében, így csak szórványos lehetett az átjövetel és ez jelentéktelen genetikai hatással volt az újonnan kialakuló, jellegzetes indián embertipusra.

A mai észak-amerikai indián bőre bronzosan barna. A haja koromfekete, nincs szőr, vagy csak igen kevés az arcán és testén. Metszőfogai ásó-alakuak, oldalirányú barázdákkal a fog belsőoldalán. Magas az arccsontja, és rendszerint rövid, zömök testű ember. Természetesen ezen az osztályon belül sokféle földrajzi változat is van. Gondoljunk csak a préri indiánok szikár, magas testalkatára és az erős orrú, formás arc profiljára (az amerikai 5 centesen is látható), szemben a déli pueblo indiánok laposabb orrával, szélesebb arccsontjával és alacsony, zömök testalkatával. Ezektől a különbségektől eltekintve az amerikai indián egy határozott népcsoport és nem téveszthető össze semmi más emberi csoporttal.

A BERING-FÖLDHÍD

Hogyan is kelhettek át a papago indiánok ősei a kegyetlenül viharos Bering-szoroson? Ma már tudjuk, hogy sok ezer évvel ezelőtt a Bering-szoros száraz föld volt. A jégkorszak (Kr.e. 25,000-8,000) alatt a hatalmas víztömeg jéggé vált és a tengerszint több mint 100 méterrel alacsonyabb volt, mint manapság. Széles tengerparti területek, melyek ma víz alatt vannak, akkor szárazföldként emelkedtek ki a vízből. Az eljegesedés és a gyengébb olvadási időszak többszörösen váltakozott, így a tengerszint feletti magasság ingadozott és a kiemelkedett szárazföld nagysága változott. Az Észak-Amerikát és Szibériát összekötő száraz földnyelv a legalacsonyabb vízálláskor több mint 2000 km széles volt. Alaszkát és Kelet-Szibériát így több alkalommal tekintélyes nagyságú szárazföld kapcsolta össze. Erről a szárazföldi összetartozásról a ma is élő, mindkét oldalon előforduló azonos növényfajok és állati csontmaradványok tanúskodnak.

Ebben az időben ennek a földrésznek a klímája jóval melegebb volt, mint manapság. A feltárt csontmaradványok hatalmas legelő állatokról és azok élősködőiről tesznek bizonyságot. Gazdag tundrai füves puszták borították Beringiát. Itt legeltek az ős-mammutok (Mammuthus primigenius), az ős-dánszarvas (Cervalces alaskensis), a pézsmatulok ökör (Bootherium nivicoleus), a rövidpofájú medve (Arctodus simus) az ős-macska (Panthera atrox) és több más, ma már teljesen kiveszett faj. Az egyetlen ma is élőfaj a pézsmatulok ökör. Igen rejtőzködő, környezetéhez tökéletesen alkalmazkodott, bivalyra emlékeztető, északi vad állat.

Természetesen itt élt és vadászott a kelet szibériai ember is. Az emberi jelenlétet a régészek körülbelül 25,000 évvel ezelőttre vezethetik vissza. A kutatók ehhez a számhoz is csak következtetéssel jutottak: a Bering-szorostól délre, a mai Yukon területén (Bluefish Caves, Kanada) kőből faragott ős-szerszámokat találtak. Ezek igen hasonlóak a szibériai Aldan folyó mentén talált leletekhez, melyek korát ismerik. Eddig még nem találtak semmi kőszerszámot északabbra. A terület legnagyobb részét ma sekély tenger borítja. Az itt élő szibériaiak nomád életmódot folytattak, kis csoportokban vadásztak a fentebb említett fajokra. Ha a vadászott állatok méretét és természetét vesszük figyelembe, akkor arra kell gondolnunk, hogy a hatalmas mammutok és gyors ragadozók elejtéséhez feltétlen ügyességre, jó vadászképességre, kitűnő nyílakra és éles vágószerszámokra volt szükségük. Egy kisebb család nemigen tudott egyedül egy mammutot elejteni, így feltétlenül több család együttműködésére volt szükség. Valószínűleg minden csoportnak mások voltak a szokásai, nyelvei és vadászmódszerei. Sokszor őket is vadászták a ragadozók, csak azok maradtak meg akiknek vadászati eszközei gyorsak és pontosak voltak.

A régészek szerint, vadászgatás közben egyszerűen átgyalogoltak a vadak után a mai Bering-szoroson, anélkül, hogy tudták volna, hogy felfedezték Amerikát (1. ábra). Ez nem volt tudatos, előre kitervezett vándorlás. Néhány kisebb ember csoport lehetett csak, akik magukkal hozták sajátos nomád kultúrájukat és nyelvüket. Az egyik elfogadott elmélet szerint ők voltak a magjai a mai színes és változatos észak és dél-amerikai indián civilizációnak. Vándorlásuk ütemét és irányát a vadállomány bősége és mozgása szabályozta. Ha lecsökkent az állomány, akkor máshol kerestek elegendő élelmet. Természetesen a vadászó emberek száma a vadállomány nagyságától függött.

A régészek, antropológusok és szociológusok körében úgyvélik, hogy a DNA kutatás eredményei módosíthatják a beringiai vándorlási elméletet. A kutatás igen erőteljes, új leletek feltárása tovább módosíthatja ezt az elképzelést.

A szabad délre mozgásukat a jégkorszak idején megakadályozta az északi földrészt betakaró, néha több kilométer vastagságú jégár. A 2. ábráról láthatjuk, hogy egy keskeny folyosót (a Sziklás-hegységtől keletre) kivéve a jégtakaró folyamatos volt. Ez a folyosó is néha bejegesedett, ílyenkor elzárta az északi területet. Az elzárt menedékhely évezredekig jó megélhetést bíztosíthatott (hűvös tundrai éghajlatával, jó legelőjével és gazdag vadállományával) az ott vadászgató nomád törzseknek. A feltételezés szerint ezeknek a nomád vadászoknak leszármazottjai az észak-amerikai indiánok. Ezek utódai a kis jégmentes csatornán délebbre vándoroltak, valószinüleg vadászgatva követték a legelő állatokat. Közben a jégár is zsugorodott. Az évezredek során a vadkeresés és a jobb vadászati lehetöségek állandó lassú mozgásra késztették a családokat, törzseket. Lassacskán Észak, majd Dél-Amerika benépesült.

A PAPAGO INDIÁNOK ŐSEI

Kr. e. körülbelül 9-11,000 évvel ezelőtt néhány csoport vadászgatás közben elérte a mai Arizonát. Itt dús füvespusztákat találtak, tele ismerős állatokkal, mint például a mammut, ős bivaly és mások. Itt létükről a csontok és szerszámmaradványok tanúskodnak. Az északi jégtakaró fokozatos olvadása lassú felmelegedést, délebbre száraz, sivatagi éghajlatot alakitott ki. Természetesen ez az éghajlat megváltoztatta a növényzetet is. Lassan felszáradtak a dús legelők, eltűntek a nagy állatok. Helyette száraz füvespuszták, félsivatagi alacsony fafélék, majd sivatagi kaktuszok és tüskés bokrok takarták be Arizona alacsonyabb fekvésű völgyeit. A sivatag csak kisebb állatokat tudott eltartani. A magasabb fekvésű területeken, az erdőkben szarvasok, medvék is megéltek. Az itt élő indiánok élete is fokozatosan változott és ők is lassan alkalmazkodtak az új, melegebb környezethez. Megváltoztatták vadász-módszereiket. A vadkeresés során az éhség és szomjúság rávihette őket a friss rügyek, virágok, hajtások megkóstolására. Megismerték a növényzetet és az ízeket. A sivatagi növényzet jelentős kiegészítője lett az előzetes, majdnem teljesen húsos táplálkozásnak. Néhány törzs felfedezte a gyom és fűmagok ízletességét és érzékelték tápláló erejét is. Időnként rövid ideig a gyűjtögetés alatt, le is telepedtek. Lapos kövön megtörték a magokat, a töretet megfőzték vagy megsütötték. Megjelent az elsőháztáji szerszám, a kézimalom, vagy örlőkö.

Az örlőkö megjelenésétől számitják az ősi sivatagi civilizációt (Kr.e. 7,000 -Kr.u. 300-ig). Ezek a sivatag-lakó indiánok már gyűjtögető-vadászó életmódot folytattak. Arizonában és a környező dél-nyugati államokban (Új Mexikó, Kolorádó és Kalifornia) a nyári meleg hónapokat a sivatagban töltötték. Itt gyűjtötték a kaktusz virágját, friss hajtásait és gyümölcsét. Nagy szárazság idején ették a hüvelyes bokrok termését, föld alatti gyökereket és a kaktuszok szártagjait is. A nyár végefelé felhúzódtak a környező hegyekbe, ahol fenyőmagot (Pinus cembroides) és tölgymakkot (Quercus sp.) gyűjtöttek. Télen vadásztak és ezzel pótolták a növényi táplálékot. Minden gyűjtögető vagy vadászó helyen tábort építettek és ide évenként visszatértek. Lassan a barangolásuk során a kukoricát és a babot is felhozták észak-Mexikóból. Magját tanyáik mellé elültették, és a nyár végén a termést a többi magokkal begyűjtötték.

Kr.e. néhány száz évvel több család észak-nyugat Mexikóból áttelepedett a Gila folyó (a mai Arizona) partjára. Ezek voltak a hohokam indiánok. Észak-nyugat Mexikó és a mai Arizona állam nagyrészét ekkor már letelepedett földművelő indiánok lakták. A falvak nagyrésze erős szervezettséget mutatott. Az áldozati és vallás-szertartási központjaik szépsége és szerkezete előfutára volt a művészetekben gazdag mexikói indián civilizációnak. A hohokam indiánok innen magukkal hozták új otthonukba a láttotakat és a fennmaradáshoz feltétlen szükséges sivatagi mezőgazdasági módszereiket és bevált magjaikat. Az első feltárt fejlett mezőgazdasági hohokam település Snaketown (Arizona), ahol nagy kiterjedésű öntözőárkok tanúskodnak az előrehaladott sivatagi termesztési módszerekről. A feltárt csatorna több, mint 2,500 éves, amely mentén kukoricát, babot, tököt termeltek.

A hohokam törzsek vándorlása sem előre kitervezett helyváltoztatás volt, hanem lassú, emberöltöket felölelő mozgolódás. Rendszerint kifogyott a vad, ivóvíz, tüzelőanyag, avagy túlnépesedett a hely és emiatt néhány kilóméterrel arrébb vándorolt a család. Sokszor több száz évig egy helyen, néha természetes barlangokban telepedtek meg. Ideiglenes tanyázásokra utalnak a szép kökarcolatok (3. ábra). Ezek ma is igen élesek, pedig eredeti helyükön, kint a szabadban állnak több száz év óta. Új Mexikó-ban az egyik kökarcolat-galéria a két folyó kereszteződésénél a domboldalon van, ahonnan az egész meder teljesen belátható. Valahogy az volt az érzésem, hogy amíg a vadász a vadakra várt, néha napokig is ott tanyázott és talán ezzel a karcolattal hagyott üzenetet a komájának, vagy talán ezekkel az elemekkel hívogatta, vagy engesztelte a már megölt vad állat szellemét. Vagy csak unatkozott volna? Talán ez volt az akkori híradó, újság féle? Nem tudjuk. Párszáz évvel később néhány hohokam család a Salt Folyó partját választja otthonának, ezeket vélik a pima indiánok elődeinek.

Kr.u. 200 körül egy több családból álló hohokam indián csoport a Tucson medencében (mai Arizona) telepedett le. Ezek az elődei a mai papago indiánoknak, Papahvi-o-otam, vagy "Bab Emberek" (Bean People) néven ismeretesek. Saját magukat Tohono O'otam -nak, vagy Sivatag Emberek-nek hívják. Róluk szól ez a tanulmány. Nyelvük: pima, ma is használatos ága a Tanoan nyelvcsaládnak.

ISTENEK ÉS LÁTOMÁSOK

A papago indiánok eredetével foglalkozó elmélet tudományos következtetésekre alapozott. Most nézzük meg az indiánok eredetét, úgy, ahogy ők mesélik el. Fontos megjegyeznem, hogy a múzeúmi tapasztalatom megvilágította azt a különös helyzetet, amikor több indián törzs egyszerően nem fogadja el az eredetük tudományos elméletét. Az is előfordúlt, hogy bejöttek a múzeúmba és bejelentették, hogy hamis a fehér emberek elmélete. Úgy érzem, hogy sajnos a tudomány nem képes analizálni a misztikumot, az indián lelkületet és hitüket. Igy mesélik a papagók: a történet igen hosszadalmas, "eljátszása" négy éjszakán keresztül tart. Elöljáróban el kell mondanom, hogy ez szent történet, mivel a világ keletkezését is elmeséli. Csak kiválasztott személyek mondhatják el és csak megjelölt időpontban hallhatók. A leírt történetet a pima nyelvből fordították. Remélem a magyarra lefordított történet hű maradt a papago indiánok hitéhez és semmilyen formában nem sértettem meg szent történetüket, teremtő isteneiket és emberi méltóságukat.

Minden papago faluban volt egy kiválasztott mesélő. Amolyan prédikáló öregember, aki a kijelölt időben, csak télen adhatta elő a világ keletkezését. Nyáron a mesélés könnyen rossz szerencsét hozhatott a falura, mert ilyenkor röpködtek a fullánkos állatok és ezek megcsíphették a mesélőt, vagy esőt küldhettek olyankor, amikor nem kellett. A történetnek erős mágikus ereje van. A mesélő mozdulatokkal színezte, adta elő és játszotta el az eseményeket. A fontosabb fordulatoknál kiabált, énekelt, táncolt és gyakori kéz-láb mozgással erősítette meg a történet hitelességét. Az énekek ismertté váltak és amikor a falút valami veszély fenyegette, vagy csapás érte, akkor ezeket a mágikusnak hitt imákat kántálták. Ismételgették, amíg segítséget kaptak az istenektől. Imádságok, zsoltár-szerű énekek, vagy vecsernyés könyörgések voltak ezek, I'itoi isten mágikus segítő erejéért.

A szent történet szerint: Kezdetben, a Földcsináló, prérifarkas (Coyote) és az Egerészölyv együtt éltek teljes sötétségben. Földcsináló levakarta a port a bőréről és addig tartogatta a tenyerén, amig egy sivatagi szurokbokor (Larrea tridentata) nőtt ki belőle. Ennek a bokornak a mézgájából formálta Földcsináló az egész világot. Addig táncolt az új világon, amíg lapos lett és a föld széle megérinthette az égboltot. Hirtelen, nagy zaj közepette felbukkant egy természetfeletti, I'itoi nevű istenség. Ketten újraformálták a világot. prérifarkas, aki kezdettől fogva a világon volt, segített és tanácsadója volt az istenségnek. Az újraformált világ eléggé ingatag volt, a Pók Embereknek kellett összevarrnia a föld peremét az éggel. Ezután az Egerészölyv kemény munkával felgyűrte a hegyeket, csőrével kivájta a folyók medrét és erős szárnyaival megteremtette a csillagokat, Napot és a Holdat is. Embereket is teremtettek, de nem voltak megfelelőek, különösen a prérifarkas alkotott sok, idétlen, furcsa embert. Igy a két istenség (I'itoi és Földcsináló) árvízzel pusztította el őket. Előtte I'itoi, Földcsináló és a prérifarkas döntést hoztak, hogy amelyikük legelőbb előjön a búvóhelyéről az árvíz után, az lesz a Gondoskodó. I'itoi jött fel legelőbb és azóta is ő az emberek Gondoskodója (I'itoi istenség). Ő agyagból új, okos embereket formált, de Földcsináló féltékeny lett I'itoi istenségére. Mérgében besüllyedt a Földbe és eltűnt. Ezután I'itoi együtt élt az új néppel (hohokam indiánok) és mindenben segítette őket. Megtanította az embereket a megfelelő esővarázsló szertartásokra és a sivatagi életmódra. De idővel megváltozott a természete, kötekedett és veszekedett. A nép végül is megölte. Négy év után I'itoi a szelek segítségével életrekelt. Az Ürge lyukat vájt a földbe és ezen I'itoi a föld alá ment, hogy barátokat keressen, akikkel elüldözhetik a rossz népet. A föld alatt találta a papago és pima indiánokat. I'itoi kivezette őket a földre és a papagokkal kiűzte a hohokam indiánokat. Ebből a harcból csak a ma is látható romok maradtak utánuk (Casa Grande, 4. ábra). I'itoi kiválasztotta a pima és papago indiánok a helyét a sivatagban. Minden törzs letelepedési helyét kukoricaszemekkel jelölte meg. Ezeket a kukoricaszemeket a szél hozta a papago és pima indiánoknak. Azután megtanította őket az esővarázslási szertartásokra. Ezeket tartotta a legfontosabbnak, és figyelmeztette őket a gyakorlására. Kérte, hogy becsüljék és őrizzék a földet összes lakóival, gondoskodjanak a nép jólétéről és boldogságáról. I'itoi ezután elhagyta őket, visszament a föld alá és valahol Baboquivari Peak (5. ábra) környékén él. Ez ma is szentnek hitt és védett hegycsúcs a Sonora Sivatagban.

Ez a történet jól mutatja bizonyos növény és állatfajok fontosságát, hiszen azok már a föld teremtésekor is ott voltak és segítettek az embereknek. Különös jelentősége van a szurokbokornak (Larrea tridentate), amely az amerikai sivatagok leggyakoribb bokor fajtája (legnépszerűbb gyógynövény), hiszen ebből keletkezett a föld. A prérifarkas (Kojot) a mai napig sok sivatagi legendának a főhőse, rafináltsággal felruházott állat. Ezek az állatok igen sok formában és változatban jelennek meg a papago legendák, énekek és főleg bizonyos furfangos viselkedési formák jellemzésében. Amolyan szent állatként éltek és élnek ma is a köztudatban.

A papago indiánok hittek I'itoi istenség tanításaiban, gyakran tartottak esővarázsló szertartásokat. Szerintük minden élőlény és természeti jelenség telített, emberfeletti, mágikus erőkkel. Mágikus hatalmuk miatt a szelek, a felhők, a kövek, a növények, de főleg az állatok képesek különleges tettekre, az erőtlen papago indiánokkal szemben. Saját magukat mágikus erőknélkülinek gondolták. A mágikus erők hatalmától féltek, ezért igyekeztek a fent említett lények kedvében járni, tisztelettel viseltetni irántuk. Bántódásuk esetén hosszú és bonyolult kiengesztelő szertartásokkal próbálták helyreállítani a saját és mágikus erők természetes egyensúlyát. Környezetükkel az egyensúly fenntartására és békés együttélésre törekedtek.

A nagyapák esti meséik során meggyőzték unokáikat arról, hogyha keményen dolgoznak és jól viselik magukat, akkor a jövőben valamikor az állatok beszélni fognak hozzájuk és elárulják nekik különös, természetfeletti erejük titkát, vagyis az énekeket, melyekkel ezt az erőt hívni, vagy engesztelni lehet. A siker a megfelelő énekek többszörös ismétlésében rejlik, íly módon a különböző lények mágikus erejét egyensúlyban tartják, közben ők is elég erőt kapnak, mellyel irányítani tudják a lények szellemeit. Ezzel esőt varázsolhatnak, sikeresen vadászhatnak, elkergethetik a betegséget és jó életet teremthetnek a törzsnek. Igy minden gyermek, amikor egyedül a sivatagban járt várta, hogy hirtelen a sas, vagy a szarvas emberi nyelven fog beszélni és elárulja titkait.

Három más lehetőség is volt az emberfeletti erők elsajátítására. Ezek igen veszélyesek és titokzatosak voltak, mert igazi természetük ismeretlen volt. Az első ilyen titokzatos, mágikus erejű cselekedet volt a skalpolás. Az apacsi indiánok igen gyakran rajtaütésszerűen megtámadták a hegyekben a papago indiánokat a téli ködös esőzések alatt. Az elrabolt gyermekekkel és asszonyokkal gyorsan eltüntek a ködben. Nehéz volt meglátni, vagy elfogni őket. A papagok legtöbbször későn vették észre a rablást, ekkor már híre-hamva sem volt az apacsi indiánoknak. Így azt hitték, hogy ezek valami boszorkányos erővel jöttek és tetteiket borzasztóan félelmetes cselekedetnek vélték. Az elfogott apacsi indián skalpja titokzatos, nagy mágikus erőt rejtett, mert ezzel a skalppal lehúzták és elrabolták az apacsik, vagy más ellenség titokzatos, boszorkányos erejét is. A másik természeti tünemény, melynek csodálatos erőt tulajdonítottak, a tenger volt. A hatalmas víztükör, de különösen a hullámok zúgása és a víz érintése mágikus élmény volt számukra. Egyszer évente elmentek a Baha kaliforniai öbölbe tengert látni, hogy elnyerjék annak csodálatos erejét. Közben, természetesen sót is gyűjtöttek.

A sasmadár vadászata és tolla volt a csodálatos erők gyűjtésének a harmadik útja. A sas szent állat, az indiánok elképzelése szerint madár képében élő istenség. Megölése a legmerészebb cselekedet, és ha valaki meg meri tenni, akkor mágikus tulajdonságokat és bűvölő erejű tollakat szerez. A pehelytollak felhőkre hasonlítanak, ezért sok esőt hoznak. A szárnytollakkal sepri el a sámán az összes betegséget. A gyógyító szárnytollakkal szemben a faroktollak halálos erejüek. Csak a sas faroktollai lehetnek nyílhegyek, hiszen a sas bátor madár, ölni mer és csapása halálos. Ezért, e toll viselése védelmet és bizalmat ad. Tehát, ha a papago indián skalpolt, sót hozott a tengerből és sasmadarat ölt, akkor közvetlen kapcsolatba került az emberfeletti erőkkel. Ez a nagy erő káros lehetett saját magára és a környezetére is. Tizenhat napot egyedül kellett a sivatagban töltenie, hogy vezekeljen és megtisztuljon. Négy volt a bűvös szám, négyszer négy különösen mágikus volt.

A tisztulási tizenhat nap a sivatagban, igen szigorú böjtöléssel és tabuk betartásával telt el. Nem nézhetett a fiatal ember a napba és a tűzbe. Nem érinthette meg a haját, csak fával, mert amikor ilyen emberfeletti erőkkel telített állapotban volt, a haj érintése hajhullással veszélyeztette. Tisztulása alatt egy kiválasztott öreg ember naponta látogatta. Ennivalót hozott és régi mondákat mesélt az efféle sivatagi tisztulásos szertartásokról. A tisztuló magányosan üldögélt és várta, hogy valami éneket fog álmodni, és ennek éneklése hozzásegíti ahhoz, hogy gyorsan futó, kiváló vadász vagy kemény harcos legyen belőle. Mellette feküdtek a fegyverei: nyílak a nyílvesszőkkel, harci dárdája, verőbotja. Ha ellenséget ejtett, nagy gonddal a bokorra akasztotta a skalpját. Körülötte voltak a kagylók a sóval, ha gyűjtött sót, vagy a sas tollak, ha ölt sasmadarat. A toll, só és skalp emberfeletti módon veszélyesek voltak és sokat kellett felettük énekelni, hogy újra alkalmasak legyenek emberi érintésre. Tizenhat nap elteltével a tisztuló harcos visszament a faluba, ahol most már résztvehetett a szertartásokon. Ez a férfi az "érett ember" nevet kapta. Megtisztult, megismerte magát, tudott bánni hatalmával. Részt vehetett a törzsi megbeszéléseken. Megbecsülték tetteit és meghallgatták tanácsait.

A mi társadalmi szokásaink a győztes egyént ünneplik és dicsőítik. Tudományos, művészeti, sport, politikai és hadművészeti életünk kiváló személyiségeit kitüntetésekkel jutalmazzák. Ezzel a szokással, ahogy láttuk, teljesen ellentétes a papago indiánok elképzelése a sikeres, illetve győztes emberről: szerintük a győztesnek szerénynek kell lennie és igazán óvatosan kell bánnia erejével, amíg meg nem ismerte önmagát, és képességét ennek a hatalomnak értékes felhasználására. Politikusaink tanúlhatnának ebből az elméletből!

A papago indiánok gyűjtötték a vad dohányt. Néhány öreg ember titkos helyen növesztette is, de óvatosan, mindig messze a falutól, mert úgy hitték, hogy a dohány szégyenlős, és nem nő ha az emberek látják. Leveleit megszárították és eltették különös alkalmakra. A dohánylevelek füstjének szívása nem élvezeti célokat szolgált. Mindennapi életük során a dohány nem volt használati cikk. Viszont fontos eszköze volt tanácskozásaiknak, vallásos szertartásaiknak. Úgy képzelték, hogy a dohányfüst megtisztítja az agyat és tiszta fejjel igazságosabb döntéseket hozhatnak. A papago indiánoknak nem volt pipájuk, a dohányleveleket egy kb. 15 cm-es nádszárba tömték és ebből szívták. Minden fontos törzsi tanácskozás előtt a falvak választott tanácskozói dohányt szívtak, mindnyájan egy közös nádból, egyenként 4 szippantást. Szívás után átadták a nádszárat a jobbjukon ülőnek, akit mély tisztelettel, rangját használva, nevén szólítottak. Négyet szippantott ő is. Békés csendben, nagy ünnepélyességgel körbejárt a pipa. Ily módon, tiszta elmével kérték az istenek segítségét a jó munkához.

Ismerték a rágógumit is. Ott termett a sivatagban. Egy tejes gyomnövény (Funastrum heterophyllum, pima neve: Bann vee-ibam) felmelegített mézgája volt.

Az "érett emberek" csoportjába tartozott a sámán (Makah), akinek igen fontos szerepe volt a papago indiánok mindennapi életében. Nem gyógyított. Az ő feladata volt megmondani, hogy mi okozta betegséget. Hitük szerint a legtöbb esetben a betegségeket az állatok okozták, mert az ember rosszul bánt velük. Ennek az állatnak felismerése igen hosszadalmas és körülményes volt. A sámán törökülésben, tök-csörgővel egyik és a sas-tollakkal a másik kezében éjszakákon keresztül halkan énekelt látomásairól. Ezeket csak ő értette. Néha kis zacskókban néhány kristályt is hordozott. Ezeket nagy gonddal kirakosgatta és a róluk visszaverődő fényt követve próbálta megtalálni a betegséget okozó állatot. Hírtelen, egyszercsak megszólalt, hogy "ez a bagoly-betegség", vagy "ez a szarvas-betegség". Ezután gyorsan eltávozott. Most már a család feladata volt találni valakit, aki ismerte a bagoly, vagy a szarvas énekeket a faluban és volt megfelelő szerencsét hozó kabalája is, amivel elűzhette a betegséget. Ezeket az énekeket kiváltságos egyének álmodták, nekik énekelte álmukban az állat. Egy-egy ilyen álmot elmeséltek egymásnak, így a falu ismerte ezeket az egyéneket. Futárt küldtek ezért az emberért, vagy többért is, akiknek szintén énekelt az illetékes állat. Sokszor az állatok kis faragott szobrocskáját is hordozták, hogy nagyobb ereje legyen az engesztelésnek. Nagy bűnnek számítottak a kegyetlen vadászati módszerek és tiszteletlenség az állatok kotorékai, barlangjai vagy fészkei iránt. Emiatt az állatok betegséget küldtek, de azért kegyesek voltak az emberekhez, mert egy-két kiválasztottnak álmaikban elárulták a békítőénekeket is. A csörgőkígyó megsértése hasfájást, a teknős lábfájdalmakat okozhat. A vadászat során megsérült szarvas izületi gyulladást kűld a kínzójának. Ha úgy gondolták, hogy a betegséget a spanyolok által behozott állat okozta, akkor gyakran a rózsafüzér imádkozását ajánlotta a sámán. Ezeknek a gyógyító személyeknek nem járt fizetés, csak ennivaló. A sámánt fizették. Súlyos és veszélyes foglalkozás volt sámánnak lenni. A betegséget okozó lények felderítése mellett irányító szerepe is volt a sok vallásos szertartásoknál. Eső varázsláskor a kör közepén űlt és a sastollakkal az eső érkezési irányát jelezte. Sokszor elvitték a sámánt vadászataikra, úgy hitték, hogy ő előre látja az állatot. Mágikus erejének hatalmával a hegyekben is meg kellett mondania, hogy melyik irányból jön az ellenség. Mivel a sámán annyi mindent tudott, boszorkányos erőt is tulajdonitottak neki. Ha túl sok beteg halt meg, akkor a falu lakói meg voltak győződve, hogy a sámán ereje ördögi és a verőbotjaikkal agyonütötték.

RÉGI ÉLETMÓDJUK

A papagok ősi és mai lakóhelye az amerikai Sonora Sivatag legdélibb része (6. ábra). A sivatag tekintélyesebb része természetesen átnyulik a mai Mexikóba, és felöleli a Baja Kalifornia félsziget nagy részét is. Ez is, akárcsak a másik két nagy amerikai sivatag, a Chihuahua és Great Basin, (7. ábra) földtanilag viszonylagosan fiatal. Jó 50 millió évvel ezelőtt trópusi erdők nőttek itt. A déli rész lassacskán kiszáradt, és a megmaradt élővilágnak alkalmazkodnia kellett a szárazabb éghajlathoz. Új típusú növényzet és állatvilág alakult ki: az erdőkből szavanna (füves-puszta, itt-ott kisebb fákkal, vagy bokrokkal) lett, aztán száraz, szubtrópusi cserjés társulások (mai Sonora környéke, Mexikó), majd az észak-sonorai sivatagi növénytársulások fejlődtek ki. Az állatvilág is alkalmazkodott az aszály okozta gyatrább legelőkhöz. A legnagyobb fokú átalakulást a korlátozott mennyiségű vízfogyasztás, vagy szélsőséges esetekben a teljes ivásnélküli életmód okozott.

A Sonora Sivatag éghajlata meleg. A csapadék rendszertelen és kevés. A papago indiánok települései a meleg és szárazabb völgyekben vannak. Az évi csapadék itt rendszerint 80-150 mm, ez nem sok, de vannak évek, amikor nincs mérhető eső, vagy amikor ennek a kétszerese zúdul a sivatagra. Több olyan völgykatlan, déli kőfolyásos domboldal van, ahol éveken át egyáltalán nem volt eső. Az esős időszak főleg a nyár. Ekkor a csapadék nagy felhőszakadással ömlik a sivatagra. Villámlás, mennydörgés és erős szél előzi meg, vagy kiséri az esőt. Kövér cseppek csapkodják a szomjas földet. A talaj köves és silány, a lezúduló víz gyorsan lefut róla és útjában sebesen rohanó árvízeket gyűjt össze. Ez a sebes víztömeg mély kimosásokat váj az útjába. A síkságokon szétterül a megbékélt, lelassult víz és kiteríti a magával sodort homokot, növénymaradványokat, így gazdagítja a talajt. Ezek a sivatagi folyók ideiglenes árterei. Itt csak közvetlenül a nagy esőzések után folyik a víz. Az év legnagyobb részében teljesen száraz, kimosott, köves folyómedrek ezek. Eső után szemmel láthatóan elpárolognak a felhők, megjelenik a kék égbolt és újra forrón süt a nap. Nem sokáig csillognak a hátramaradt esőcseppek a leveleken és a kaktusztüskék tövében. A párolgás gyors és minden élőlény nagy sietséggel szívja fel az életet adó vizet. Néhány óra múlva látszatja sincs az esőnek. Nagy a hőség, a levegő hőmérséklete 35-45 C fok. A talajfelszíni felmelegedés néha eléri a 70-80 fokot is. Pockok, kígyók, gyíkok és más állatok a föld alatt, vagy árnyékba menekülve próbálják menteni az életüket.

    A téli hónapok is naposak. Néha ilyenkor is vannak kisebb esőzések. Nappal kellemes a hőmérséklet, 20-25 C fok körül. Az éjszakák hűvösek, igen ritkán fagy is. Errefelé nincs állandó folyó vagy patak. Kilométereken át fa sincs a láthatáron, csak a napfénytől csillogó kavicsos talaj árasztja a hőséget. Úgy tűnik, hogy minden kihalt, nincs élet, ami nem igaz. A kimosások mentén itt-ott alacsony bokrok nőnek, ilyenek a Simmondsia chinensis, Ephedra trifurcata, sok féle Agave és az Opuntia kaktuszok számos képviselői (legalább 20 féle). A kimosott kövek között megtaláljuk az Echinocereus-k számos fajtáját is. Mindezek szártagjai fürgén ágaskodnak a ragyogóan kék ég felé. A bokrok és kaktuszok nagy távolságra nőnek egymástól, közben csupasz foltokkal, mert a kevés víz és a gyenge tápértékű talaj csak ennyi növényt tud eltartani. Például a sivatagi szurokbokor (Larrea tridentate) gyér eloszlása jellegzetes, sokszor egy telepített egres kertre emlékeztet. Minden növény fölé tornyosulva nőnek az égnek meredező óriás kaktuszok (Cereus gianteus, pima neve: Haa shan). Mereven állnak, mintha őrködnének a sivatag többi lakói felett (8. ábra). Felejthetetlenül szép élmény, különösen az erdésznek egy ilyen kaktusz "liget", vagy kaktusz erdőben a látogatás. A színek pompás összhangja, a formák változatossága, a melegítő, simogató napsugarak aranyfátyla örökre bevésődik azok emlékezetébe, akiket elbűvöl a Teremtő botanikuskertjének szépsége és nyugalma. Néha-néha egy-egy csavarodott, görbe törzsű, kínlódó alacsony fát láthatunk, rendszerint ott, ahol a nyári felhőszakadásos esőzések után árvízszerűen lerohant a víz és feltöltötte körülötte a medret. Itt egy kicsit több víz maradt a talajban és a talajvizet is könnyebben elérik a fák gyökerei.

Elsőpillantásra azt gondolnánk, hogy itt nem termeszthető semmi, olyan száraz és köves a talaj. A papago indiánok évszázadokon keresztül mégis termeltek babot, kukoricát és tökféléket. Értették a sivatagi esővíz viselkedését, megtalálták azokat a helyeket, ahol a hirtelen lezúdult víz felszívódott és jól átáztatta a földet. Ide ültették a magjaikat az első kiadós eső után. Szükség esetén, a gyorsan futó vizet árkokkal a bevetett sorokra terelték. A papagok híresek a természetes vízgyűjtési módszereiről.

Ez a természetes "vízaratás" egyre nagyobb jelentőségű lesz a jövőben, mert a Föld éghajlata felmelegedést mutat, aminek következménye a sivatagosodás felgyorsulása lesz. A trópusi és mérsékelt övi erdők letarolása válságos vízgazdasági állapotokhoz vezet. Az édesvíz már most nagy probléma világszerte. A legtöbb nagy város környékén a talajvíz sokszor igen szennyezett, szintje alacsony. A szennyeződés oka az ipari, vagy a mértéktelen használatból eredő helytelen vízgazdálkodás. Jelenleg az iparilag fejlettebb országokban a nagyobb folyók vizét költséges gátrendszer gyűjti, és mesze kilométerekre szállítja, még nagyobb költséggel. Minden olyan vízgazdálkodási módszer, amelyik a redszertelen, hirtelen lezúduló esővizet, csatornás felszerelések nélkül megfékezi és azonnal felhasználja igen értékes és nagy jelentőségű lesz a jövőben.

A papagok ezzel a módszerrel termesztettek kukoricát és több babfajtát. Különösen jelentős a Tepary bab (Phaseolus acutifolius var. latifolius). Ezt nagy mennyiségben termesztették és termelik ma is. Jellegzetességei a rövid életciklusa (két hónap alatt beérik) és a szárazságtűrése. A Tepary bab elviseli az igen lúgos talajokat és a huzamos 38-45 fokos hőséget is. Híresek a sokféle bab keresztezéséből származó hibridjeik is, ezért sokszor a papagokat Bab Embereknek is nevezik.

Olyan kukoricájuk volt (ma is termesztik), amelyik 60 nap alatt termést érlelt. A kukoricatípusok is igen változatosak; találunk fehér, kék, piros és fekete színűeket, kétféle színt, vagy az összes keverékét, amit nevető, vagy bolond kukoricának hívnak. A csövek mérete és formája is igen változatos. Tekintettel a helyi termesztésre és könnyü tárolási lehetőségekre a leggyakrabban fogyasztott termékük a kukorica és a bab volt.

A kukorica és a bab mindennapos ennivalója volt és ma is az, nemcsak a papago indiánoknak, hanem a többi sivatagi indián törzsnek is. A kukorica leggyakoribb felhasználási formája a darált liszt. A papago asszony sűrűn fonott kosárban vízzel összekeverte a kukorica lisztet és kezével kerek, palacsintaszerü lepényt formált. A tűzhely mellett, guggolva dolgozott és azonnal meg is sütötte a lepényt a forró kövön. Ezt a kukorica palacsintát "tortilla"-nak nevezik. Ma is ez a főeledel. A kenyér ismeretlen fogalom volt és ma sem nagyon kedvelt. A tortilla-t mais úgy eszik, mint mi a kenyeret. A fiatal kukoricacsöveket megsütötték. Ismerték a pattogatott kukoricát is. Fontossága miatt úgy a növényt, mint a termését szentnek tartották. Sok szertartáson hivatalos kukoricaliszt szórók voltak. Ezzel osztották az áldást. Néha kiváltságos személy vagy csoport előtt, a földet kukorica liszttel szórták be.

Manapság a sivatagokban nemesitett bab és kukorica magokról minden évben listát adnak ki. Ebből a kivánt fajta magjai megvásárolhatók. Az 1987-es listán 66 féle bab, 8 borsó fajta, és 104 kukoricatipus szerepel. Ezeken kívül sok fajta sivatagi viszonyokat elviselő növényfajta magja is megrendelhető. A bab napjainkban is igen fontos szerepet tölt be a mindennapi táplálkozásban. Az élelmiszerboltokban (Tucson és Phoenix környékén) közel a bejárathoz több mázsa ömlesztett bab (Juliska babhoz hasonló) van hatalmas dézsákban. A forgalom nagy a dézsa körül, a bab nemcsak az amerikai indiánok, hanem a mexikói amerikaiak is kedvenc, majd napi eledele. Elkészítési módja sokféle, akárcsak a magyar babfőzelék, szinte házanként változik. Sok esetben a sűrű babpépet zsírba, vagy olajbaforgatás után, gyakran hússal keverve, a kukorica palacsintába tekerik, vagy a kukorica megfőzött héjába (tomales) csavarják bele, hússal, zöldségekkel keverve.

A bab és kukorica mellé tököt is ültettek, ha volt elég eső. Ezt a három növényt az észak-amerikai indiánok három növérnek hívták. Néha csak bab termett, vagy az sem, ilyenkor teljesen a természetre, gyűjtögetésre és vadászatra voltak utalva. Ezek az életkörülmények nem voltak kívánatosak a fehér ember, vagy másféle indián törzsek letelepedésére, hisz egyszerűen nem volt mit enniök és nem találtak ivóvizet. A papagok az ellenségeiket sokszor becsalták a sivatag mélyére és később elfutottak előlük, ezek rövidesen szomjan haltak. Gyakran előfordult, hogy a nyári esőzések elmaradtak. Huzamosabb szárazság idején az állatok is kivesztek, vagy nem neveltek utódokat. A szomj- és éhenhalástól ilyenkor a sivatagi növények virágja, rügye, vagy termése mentette meg őket. A legfontosabb növényi eledelük az óriáskaktusz gyümölcse volt. Ez a körte nagyságú, édes gyümölcs a legszárazabb és legmelegebb hónapban érett. Részletes ismertetésére később visszatérek. A másik ínyencfalat az orgonasíp kaktusz (Cereus thurberi) gyümölcse volt. Rendszerint a fügekaktusz gyümölcsével keverve cukorkát készítenek belőle. Gyönyörű példányok (9. ábra) láthatók a fajról elnevezett nemzeti parkban (Organ Pipe National Monument) és az Ajo (Arizona) hegyvonulatnál, a papagok földjén. Ez a kaktusz 2-3 m. magas, bőven terem. A kötélkaktuszok hajtás- és virágrügyét is fogyasztották. Gyakran használták a csüngőkötélkaktusz (Cylindropuntia fulgida, 10. ábra) sűlt rügyét és a szakállaskaktusz (Cereus schotti) termését is. A három fontosabb faj társulását mexikói sonorai sivatag északi részén láthatjuk (11. ábra). Az említett kaktuszokon kívül sok más növényfaj is él a sivatagban, soknak virágját, rügyét, vagy termését gyűjtötték az indiánok. Innen kapták a vitaminokat, vasat és más nyomelemeket. A Tucson (Arizona) melletti sivatagi múzeúm (Arizona-Sonora Desert Museum és a Boyce Thomson Southwestern Arboretum, P.O. Box AB, Superior, Arizona, 85273, USA) kutatói már régóta keresik azokat a fajokat, melyek a legmegfelőbbek lennének nagyüzemi termesztésre, hiszen tudják, hogy az őslakók több, mint 450 növényfajtát használtak, ezekből számosat mindennap. A múzeúm talán a leggazdagabb és legjobb rendszerű képviselője az amerikai sivatagi fajoknak. Nagyon szép helyen van, kedvenc kiránduló helyünk volt. A B.T.S. Arborérum gyűjteménye az összes amerikai sivatagi növényzetnek, a sivatag közepén van, szebb és jobb helyet nehezen választhattak. Személyzete igen megbízható, jól képzett botanikusok, szoros tudományos kapcsolatuk van az egyetemmekkel. Nagy élmény a látogatás.

 A Papago Rezervátum igen közönséges két apró bokra a sivatagi farkasfog és szamár bokor (Franseria dumosa és F. deltoidea, 13. ábra). Mindkettő igen szívós növény, a vízhiányt és a forró szeleket jól türik. 20-80 cm magasak, leveleik ezüst szürkék, gazdagon szaggatottak, vagy delta alakuak, alul s felül ezüstösen szőrösek. Nagy szárazság idején levél nélkül, világos szürke hajtásokkal várják az esőt. Az indiánok melegített levelét reumás fájdalmakra használták. Gyökérteája ismert nőgyógyászati görcsoldó.

 Az észak-amerikai sivatagok legjobban ismert bokra, vagy fája a mesquite (Prosopis sp., pima neve: Kwi, azték név: Mizquit).

Érdekes, hogy az aszték neve igen kis változással a mai napig fenn maradt. Levele kora tavasszal hajt ki, toll-finomságú, mimózára emlékeztet. Méz illatú, apró, sárga virágai édeskés babbá érnek, amely kedvelt eledele az embereknek és állatoknak egyaránt. A hüvelyek nem nyílnak ki, és a magok nem esnek le az érés után. A bab lisztje főzés nélkül ehető. A fája kemény, jó építőanyag, igen híres nyársansütő szén. A bokor főtt mézgáját gyógyteaként használták, sebeket borogattak vele. Megfőzött gyökerét hasmenés ellen ették, de a termése volt a legfontosabb, amolyan ösvénymenti friss csemege, így nem sok marad belőle télre a bokrokon.

Az óriás kaktuszok csíranövényének gyakori védőfája a zöldvessző (Cercidium floridum, pima neve Kuk chue-edak). Több méteres magasságot elérő fa. Gyönyörű a sárga virágokkal telített koronája tavasszal. Nagy szárazság idején csak virágok, vagy a levelek, néha egyik sincs a fán, ezekkel túl sok vizet veszítene. A zöldvessző hüvelyes termését nyáron gyűjtötték és nyersen fogyasztották. Fájából szerszámokat, tálakat készítettek.

Gyakran megvédi az óriás kaktusz csemetét a vaddisznótól, sivatagi rágcsálóktól és a kitaposástól a Sonora sivatag másik elegáns védőfája, a tömörfa (Olneya tesota, pima név: Hoi itgam, 12. ábra) is. Néha a 10 méteres magasságot is eléri. Elterjedési területén nagyon ritkán süllyed a hőmérséklet a fagypont alá, ezért leggyakrabban az óriás kaktusszal együtt fordul elő. Apró levelei bársonyosak, kerekdedek, ezüstszürkék. Hajtásait sok tüske védi. Kérge ezüst szűrke. Virágja akácszerű, és halványlila. Dús fátyolként borítja be az egész fát (12. ábra). Felejthetetlenül szép és elegáns szinfolt a szürke sivatagban. Fája, ahogy a neve is mondja nagyon tömör és kemény, főleg szerszámnyelekre és épitkezésre használják. A babtermését egészben, megpörkölve ették, vagy pedig megőrölték és vízzel keverték, ez a pép megsütve a kedvelt "piñole". Ize kellemes, pörkölt földimogyoróra emlékeztető.

A SIVATAG NÖVÉNYVILÁGA

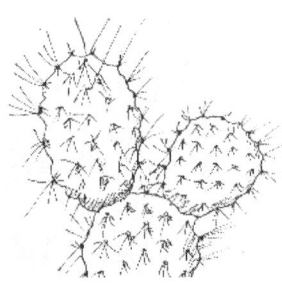

A **sivatagi növényvilág** alkalmazkodását a rendszertelen és kevés csapadékhoz az ostornyél cserje *(Fouquieria splendens,* pima neve moelhok) mutatja a legjobban. A bokor 6-8 m magas, rövid törzsből kinövő, hosszú tüskés, elágazásnélküli, ostornyél szerű hajtásokból (13. ábra) áll. Köves kimosások oldalán, száraz fennsíkokon, általában nyitott helyeken nő. Virágja skarlátpiros, bojtszerü virágfüzér, mint a csapó az ostorhegyen, úgy lengedez a hosszú hajtás végén. Pompás formájával és eleven színű virágjával hirdeti magát és várja az újabb esőt. Nektárját főleg a hosszú nyelvű kolibrik gyűjtik. Az ostornyélszerűhajtások legtöbbször csórén merednek a kék ég felé, levelek ritkán vannak rajtuk. Felhasználása, ahogy később láthatjuk, igen széleskörű.

A legközönségesebb sivatagi növény az örökzöld sivatagi szurokbokor (Larrea tridentata, 14. ábra., pima neve: Shoegoi). Ez a bokor igazi sivatagi faj, az összes sivatagi életkörülményhez szükséges tulajdonságokat hordozza. Erősen szőrös, apró levelei vannak, így csökkenti a növény a párologtatását. Levelei párosak, szembefordulva egymással árnyékolják felületüket, vagy az erősebb napsütés óráiban összecsukódnak. Különösen huzamos szárazság idején, lehullatja leveleit és a hajtások is elhalnak egészen a talaj, illetve a homok felszínéig. Néha, szélviharok esetén teljesen betakarja a homok, de nem pusztúl el. Amikor megérkezik az eső, újra kihajt a cserje és növekedik, mintha semmi sem történt volna. Ezzel a fennmaradási módszerrel egy anyatő 4-5,000 évig is elél, így ez a bokor talán a növényvilág legtovábbélő faja. Előfordul mind a három amerikai sivatagban, de mindhárom helyen különböző termőhelyi változatban. Apró, páros, örökzöld levelei erős petroleom illatot árasztanak, különösen a déli hőségben, vagy zivatar után, innen kapta a nevét. Virágzási ideje általában a koratavasz, de főleg a csapadéktól függ. Méhek ezrei gyűjtögetnek a sárga virágtengerben. Az apró, sárga virágok ezüstösen csillogó, erősen szőrös gömbalakú magházzá érnek. A sok ezüst gömböcske szinte díszíti ezt a ragacsos, erős illatú, fekete, lakk-szerű mézgával bevont, gyéren növő sivatagi bokrot. Vízgazdálkodása kiváló, mert elviseli a legsivárabb körülményeket is. Szereti a mélyebb, kavicsos talajokat, főleg az alacsonyabb fekvésü völgyekben telepszik meg.

A legtöbb indián törzs gyógynövényként használta a sivatagi szurokbokor leveleit. Gyógyerejében ma is igen hisznek, hiszen már a Föld teremtésekor ez a bokor ott volt. Minden sivatagi völgyben megtalálható és örökzöld, ezért bármely időszakban szedhető. A bokor leveleiből főzött, erős tea lehúzza a magas lázat, feltisztítja a gennyes kelést, elmúlasztja a fogfájást. Meleg teája fej-korpa ellen is jó, a fejbőrre dörzsölve. A melegített fiatal leveles hajtásokat gőzölésre használták, alsótesti fájdalmaknál, reumáknál. Kivonatával az izzadásos lábat kenték. Forró teát ittak torok- és fejfájáskor. A papago indiánok is ismerték az említett gyógyhasználatokat, de még hasmenés ellen is ették a mézgáját és a kérget is. Vízben áztatott leveleknek a szűrletét itták hólyagbántalmaik gyógyítására. Talán a mai aszpirin szerepét töltötte be a sivatagi-lakók életében ez az igénytelennek látszó, kellemetlen illatú bokor.

Tekintettel a meleg klímára, a papago indiánoknak nem volt szüksége sok ruházatra. A nők gyapotból szövött (a gyapotot a pima testvér-törzstől cserélték), vagy bőrből készült, térdig érő, csavarosan felszabdalt, derék köré csavart szoknyát viseltek. A férfiak hasonló anyagból, csak szemérem kötényt hordtak. A gyermekek mezítelenül jártak, a kis csecsemőket bőrdarabba tekerték, ha hüvös volt. Cipőre sem volt szükség, hosszabb vándorlásuk során bőrből készült vagy növényrostokból fonott szandált viseltek. Férfiak és nők egyaránt a hosszú hajat szerették. Igen nagy gondot fordítottak szénfekete hajuk ápolására. A vastag szálú, egyenes, és korral megszűrkült hajukat, feketére festették. A hajfesték alapanyaga a mesquite cserje fekete mézgája volt. A haj szépségét tartották legvonzóbb fizikai sajátságnak. A hűvös szelek ellen zsírokkal kenték be a bőrüket. Táncok és ünnepi szertartások alkalmával gyakran használtak bőrfestékeket. Kukorica, lepke és madár figurákat, vagy apró, esőt utánzó jeleket festettek a bőrükre. Szerintük a nők arcának szépségét és érdekességét a száj sarkától az állig lefutó két párhuzamos, fekete, tetovált vonal kőlcsönözte.

Házaik egyszerűek voltak, a sivatag nem bővelkedik építőanyagokban. Nem volt szükség zárt hajlékra, inkább tárolásra használták kupola alakú kunyhóikat. Az építkezés anyaga főleg az óriáskaktusz elfásodott váza és az ostornyél bokor tüskés, hosszú hajtása volt. Ezeket a faanyagokat kupola alakúra hajlították. A tetejét betakarták növényrostokkal és földdel. Egy kis, ajtószerű nyílást hagytak az oldalán, így árnyékos maradt a kunyhó. Ennivalójukat szabad tűzhelyen főzték. Ezt kerítéssel vették körül, a szél és homok ellen. A kerítésre legtöbbször az ostornyél bokor husángját használták, csak beásták a földbe és a husáng rendszerint kihajtott, így élőkerítésük volt. Több család asszonya főzött ugyanazon a tűzhelyen, de a családok legtöbbször külön étkeztek. A nyári hőség elől a "ramada"-ba huzódtak. Ennek a nyitott, fészerszerű épületnek nagyobb szerepe volt a papago és más sivatagi indiánok életében, mint a háznak. A fészer minden oldalról nyitott, oszlopokon álló, növényekkel és földdel fedett tetejű otthon volt. Itt, a szellős árnyékban végezték napi munkájukat:kosarat fontak, agyagedényeket készítettek, szőttek, nyílaikat gondozták. Ez volt a műhely, az iskola, a bölcsőde és a hálószoba is. A "ramada" ma is használatos a sivatagi törzseknél. A házba csak nagy eső és hideg esetén mennek be.

Fonott és sodrott köteleikhez a sivatagban található anyagokat használták fel. A szög ismeretlen volt, tehát építkezésnél, teherhordásnál és szerszámaik készítésénél a kötél alapvető használati cikk volt. Főleg az agávék rostjaiból készítették sodrással vagy fonással. Többféle agávé nő ezen a vidéken, mindegyiket használták, kötélre, építkezésre, kosárfonásra. Erősebb és finomabb kötelekhez emberi hajat használtak (gyászoláskor levágták hajukat). Később, amikor a spanyoloktól lovakat kaptak, akkor a lószőrt is felhasználták és ma is alkalmazzák igen apró, művészi ékszerek fonására. Szép példányok láthatók és vásárolhatók a híres arizonai Kitt Csillagvizsgáló (5. ábra) háziipar boltjában. A fonott kötelekből hálószerű hordozó zsákokat készítettek. A kötélfonás és a zsákkészítés a férfiak munkája volt.

Híresek a papago asszonyok és lányok kosarai, manapság ők fonják a legszebb és a legtöbb kosarat. A kosár alapanyaga a sotol (Dasylirion wheeleri) és yukka rost. Ezeknek a növényeknek az egy méternél is gyakran hosszabb levelei kemény tüskében végződnek. Ez a tüske kiváló varrótű. Medvefüvet (Nolina microcarpa), keskenylevelü gyékényt (Typha angustifolia,) és vékony füzfa (Salix Gooddingii) vesszőket is igen gyakran használnak. A fekete színü rost a kosarakon az ördögköröm (Martynia parviflora) terméstokja. A főzéshez, szűréshez és szitáláshoz használt kosarak finomabb anyagokból készültek, mint a tároló kosarak. Művésziek és formájuk is eltérő. A kosárfonáshoz szükséges anyagot az asszonyok gyűjtötték és a nyersanyagot háti kosárban vitték haza. Ezt a kosarat is ők készítették, de ma már csak nagyon idős asszonyok használják. A hátikosár (alapanyaga agávé kötél), horgolt tőlcsér formájú zacskó, köralakú fűzfarámára erősítve.

A papago kosárfonó asszonyok híresek hagyományos díszítőelemeikről és jellegzetes fonási módszereikről. Gyönyörűek a kosárboltjaik. Kisebb-nagyobb, kerek, szögletes, ovális, szalmasárga, fűzöld, aranyszínű kosarak és agyag edények gazdag választéka várja a vásárlókat. A hagyományos kosarak díszítő elemei főleg geometriai formák (15. ábra). Manapság a papago asszonyok fonják a legtöbb kosarat a sivatagi indián törzsek között. Tekintettel a száraz levegőre, a növényrostokból készült kosarak, fonott szőnyegek és kötelek nem rothadnak meg. Legfeljebb a nap fakítja ki a színüket, de mivel legtöbb esetben természetes, festetlen rostokat használnak ez a színveszteség kellemes és alig észlelhető.

Agyagedényeiket szintén az asszonyok készítették, ezen a területen is kialakultak sajátos díszítő elemeik és színeik. Minden asszonynak megvolt az egyéni díszitő eleme, amikor férjhezment, magával vitte ezt a művészi kincsestárat. Ez volt a névjegye. Irni ugyan nem tudott, de sok esetben az ásatások során megtalált edények egyéni elemei árulták el az illetékes asszony, vagy leány törzsi hovátartozását és házassági kapcsolatait más törzsekkel. Az edényeket nem fazekaskorongon formálták, hanem ujjnyi vastagságra nyújtott agyagdarabokat tekertek fel és ezt kézzel simitották formába. A fazekaskorongot az indiánok nem ismerték.

A papago indiánok életének központjában a gyermekeik álltak. A nevelés főformája a csendes szóbeli meggyőzés volt. A gyermekverés ismeretlen fogalom, ugyanúgy az árvagyermek is. A gyermek születésekor a szülőknek vigyázniok kellett, nehogy valamilyen tettükkel rossz szerencsét hozzanak az újszülöttre. Az apának nem volt szabad vadászni vagy háborúskodni ilyenkor, mert erőtlenné vált és meghalt a csata, vagy a vadászat során. A csecsemőt 4-5 hetes korában elvitték a sámánhoz névadási szertartásra. A keresztelő napfelkeltével kezdődött. A sámán sárga agyagkeveréket tett az apának, anyának és a csecsemőnek a szájába, miközben állandóan énekelt és nevet adott az újszülöttnek. A nevet a sámán "álmodta". Rendszerint kellemes természeti jelenséget fejezett ki, például Enyhe Eső. A kis gyermek életének első évét kaktusz-bordából és ostornyél bokor vesszőjéből készített, hordozható bölcsőben töltötte. A kis babát ebbe belekötözték, így az anya hordozhatta a hátán, néha fának támasztva letehette a földre, vagy felakaszthatta. Ez a hordozható bölcső kisebb-nagyobb változatban az összes észak-amerikai indián törzsnél megtalálható. Ahogy a gyermek járni kezdett, úgy követte és másolta szülei tevékenységeit. 8-9 éves kortól a fiúgyermek már kint volt apjával vadászni. A lánygyermek anyjával gyűjtögette és válogatta a magokat, vagy a tűzhely körül ügyeskedett. Iskolarendszerük nem volt, a gyermekek igazi nevelése főleg a nagyszülők dolga volt, mert ők értek rá. Rendszerint az esti órákban a nagyapa mesélgetett a tűz körül és közben felhívta a gyermekek figyelmét a helyes viselkedésre és a munka fontosságára. A papago indiánok is ünnepelték a lánygyermek nemi érettségét. Az ünneplés gyakran egy hónapig tartott, minden este táncokkal és vidám játékokkal szórakoztatták kortársai az ünnepeltet. Ünnepélyes keretek között kapta a lány a szépségjelet, vagyis a 4 tetovált vonalat az állára. A kaktusz tüske karcolásokba fekete festéket dörzsöltek, vigyázva a vonalak egyenletességére és a szerencsés négyes szám használatára.

Férjet a lány szülei választottak, rendszerint már évekkel korábban kinézték a jelöltet a szomszéd faluból. Megvetették a házasságot a rokonok között. Ha az idősebb lány házassága jól sikerült, akkor előfordult, hogy a fiatalabb lánytestvért is ennek a férjnek adták. Már ismerték e férfi jellemét, szorgalmát és úgy gondolták, hogy az eladó lánynak biztonságos élete és testvérével jó társasága is lesz. Házassági szertartás nem volt. A vőlegény elment a menyasszony házához és ott töltött négy éjszakát, és ha minden jól ment, akkor négy nap múlva az új férj hazavitte asszonyát a szüleihez. Ha a próbálkozás nem volt sikeres, akkor felbomlott a kapcsolat. A kis gyermekeket, ha később bomlott fel az egyesszég, az asszony vitte magával.

A halottaktól féltek, úgy hitték, hogy a halott személy vinni akarja magával az élőt, ezért bármennyire is szerették az elhalt rokont, igyekeztek minél hamarabb eltemetni. A halottat ideiglenesen, gyorsan kövek alá tették. Később oszlopokra ravatalszerű állványt építettek. Körülrakták szerszámaival és fegyvereivel, néha még egy kis ennivalót is tettek melléje, mert úgy gondolták, hogy megéhezik az alatt a négy nap alatt, amíg a halottak földjére ér. Képzeletükben a halottak földje kelet felé volt, ahonnan az esők jöttek. Kellemesnek hitték ezt a helyet, ott a sok eső bőséges termést hoz. Négy nap után a halottat ülőhelyzetben eltemették és a kaktusz bordából épített ravatalt elégették, nehogy a halott személy visszatérjen. Az egyedül maradt házastárs levágta haját és egy évig nem esküdött újra.

Télen a sivatag száraz volt, friss zőldség nem volt. A környező hegyek tele voltak szarvassal, nyúllal és más kisebb állatokkal, ezekre vadásztak. A vadászat előtt énekkel hívták a vadakat, hitték, hogy ezek hallgatják. Többféle vadászmódjuk volt, ezeket a vadfajtól és a körülményekől függően változtatták. Ha szarvasra vadásztak többen, akkor azt bekerítették és kihajtották a köves oldalakra, hogy lelassítsák és jól láthassák. Nyíllal meglőtték.

Az ügyesebb vadász egyedül ment, és álcázta magát. Egy agancsokkal együtt kikészített szarvasfejbőrt húzott a fejére. Testét fekete-barna foltokkal festette be. A szarvascsordát széllel szemben közelítette meg, remélve, hogy a szarvasok öt is szarvasnak vélik. Ezt a módszert már az ős-indiánok is használták. Fejviselő vadászoknak hívták őket. Ezt a módot csak hosszú gyakorlattal tudták a fiatalok elsajátítani. Az elejtett első négy állatból a fiatal vadász nem ehetett, a húst tanító mesterének ajándékozta. Nagyon értékes embernek tartották azt, aki megtanulta ezt a módszert, mert a szarvashús mágikus erejű és ennélfogva különösen értékes volt. A fejviselő vadász a családját és rokonait ellátta hússal és azok cserébe kukoricát termeltek neki. Az szarvas bőrét kikészítették és gyökerek levével színesre is festették. Ezt a puha bőrt gyapotra cserélték az északabbra élő testvér pimákkal. Nyúl és madár is volt bőven a sivatagban és a hegyekben. Ezeket a kis fiúk vadászták lekicsinyített nyilaikkal, így tanulták meg a nyílak használatát. Inséges időkben megették a mókust és az egereket is. A húst tűz fölé akasztották, kisebb állatokat szőröstől, vagy tollastól tették a szénre, hogy ne száradjon ki. Sütés után megtisztították. Néha nyúl-pörköltet főztek, gyökereket, kukoricát, babot kevertek bele. Táplálkozásuk kiegyensúyozott, alacsonyzsirtartalmú és növény rostokban gazdag volt. Télen magok, szárított kaktuszgyümölcsök adták a vitaminokat.

SZARVASTÁNCOK

Az aratás utáni szarvastáncoknak kettős célja volt: a begyüjtött termés és az első elejtett szarvas megáldása volt. Ez, a ma is évente ünnepelt szarvastánc, talán visszavezethető valami régebbi húsmérgezésre. Raktározott magvaikat valami rájuk egészségileg káros vírus vagy baktérium támadhatta meg és az egész falu megbetegedett? Nem tudjuk, de ennek a szertartásnak mágikus erőt tulajdonítottak és ezzel biztonságossá varázsolták az élelmiszert.

Mindennapi vadászataikon legtöbbször a szarvasfejet húzták a saját fejükre. A szarvastáncokon nem használták ezt a módszert, hanem nyíllal megölték vagy elfogták és megfojtották a szarvast. Az öregek énekeltek, a fiatal lányok és fiúk kukorica vagy babnak festve táncoltak a felakasztott szarvashús körül. Az énekek rege-szerű, vadászemlékezések voltak. Gyakori ismétlésük könnyű vadászatot ígért. A tánc végeztével lemosták a festéket magukról és négy napig böjtöltek, beszélgettek, hogy megvédhessék magukat a tánc bűvös hatásától. A böjt végén széjjel osztották a húst és közben hangosan kérték a szarvast, hogy "Adj jó egészséget, védjél meg a betegségtől". Ezt a szertartást egyszerűbb formában rendszerint télen is megismételték, hogy továbbra is távol tartsák a betegséget a falutól. Hittek a szarvashús gyógyító erejében is. A táncok végeztével a sámán egy kaktuszágat körbehordozott a betegek kunyhójában, hogy erre ragadjanak a betegségek. Ezt később elégette, meggyőződött, arról, hogy az összes betegség elégett. A biztonság kedvéért még egy fadarabot is bevert a földbe, ezzel jelezte a betegség eltemetését.

SKALPOK ÉS NYÍLVESSZŐK

A papago indiánok nem kedvelték a háborúskodást, mert nem értették az apacs indiánok és később a fehér emberek indítékait. A földművelés és gyűjtögetés mellett nem sok szabad idejük maradt. Az apacsi indiánok viszont sokszor kirabolták őket. Elvitték gyermekeiket, asszonyaikat. Védekezésből rákényszerültek a háborúskodásra. Viszonylag jó fegyvereik voltak. A legtöbb férfi nyílat hordott, rendszerint közel száz köhegyű nyílvesszővel. Néhányan bőrből készült pajzsot és keményfából faragott verőbotot viseltek. A botok kiválóak voltak közelharcok esetén. A bátrabb harcosok fejbecsapással ölték meg az ellenséget. A papagok úgy hitték, hogy a harc sikere nem csak a bátorságon és a harci módszereken, hanem emberfeletti mágikus erőkön múlik. Ezért mielőtt harcba indultak a törzsfő (választott személy) énekes versek formájában többszörösen, részletesen elmesélte a harci terveiket, kihangsúlyozva a győzelmüket. A győzelem sokszoros megéneklését bűvészi erejűnek, szuggeráló hatásúnak vélték. Hitték, hogy ezekkel az énekekkel sugalmazzák a szellemeket, akik legyengitik az ellenség erőit, és ők így megnyerik a harcot, pontosan úgy, ahogy megénekelték. Az ütközet előtti éjszakát ezeknek a győzelmi daloknak éneklésével töltötték. Megjósolták, hogy hogyan fog az ellenség pajzsa szét esni és verőbotjaik erőtlenné válni. A támadást titokban indították, rendszerint csak 10-12 embert vittek magukkal. Hajnalban meglepték az ellenség tanyáját, leöltek néhány embert, és lenyúzták az elesett hajas fejbőrét, a skalpot. Aki ölt, az nem harcolt tovább, mert a halál közelsége különös, emberfeletti, mágikus erővel töltödött. Ez veszedelmes volt. A harcosnak ettől meg kellett szabadulnia a már ismertetett tisztító szertartáson, mielőtt hazatérhetett a faluba. A skalpoló korommal feketítette be az arcát és félrevonult a harcoktól. Amikor a hadvezér több fekete arcú harcost látott, az ütközetet győzedelmesnek hitte és befejezésre szólította fel őket. A győzedelmes csoport szépen hazaballagott, kivéve a skalpolókat, akik szinte szégyenkezve lopakodtak utánuk. Hajnali érkezést terveztek a faluba. Futárral megüzenték a győzelmüket, aki hangosan kiabálta a skalpolók nevét, hogy azok feleségei is elmehessenek a faluból. Az asszonyokat is meg kellett tisztítani a férjeik révén rájuk ragadható iszonyatos nagy erőtől, melyet a skalpolás során kaptak. Külön-külön, tizenhat napig elvonultak a sivatagba. Ott egyedül böjtöltek és elmélkedtek a harci eseményeken. Közben a falu népe diadalmasan ünnepelte a befutott győzteseket és a skalpokat. Idős asszonyok táncoltak a hosszú rúdra felakasztott skalpokkal, akiket körültáncolt a falu népe. Felmérhetetlen varázserőt tulajdonítottak a skalpnak, megérinteni sem volt szabad. Tizenhat napon át minden este táncoltak és énekelték régi, vallásos ódáikat, hogy kiengeszteljék a skalpot.

Közben visszajöttek a megtisztult skalp-szedők. Most a visszahozott fegyvereiket kellett a veszedelmes gyilkoló erőtől megtisztítani és jámborítani. Körbeadták a botokat, nyílakat, dárdákat a harcosok között és most kezdődtek el igazából a feltűnően vad és dramatikus indián harci-táncok. Csattogtak a fiatal harcosok botjai és dárdái, miközben az öregek ütemesen énekeltek körülöttük. Tánc közben a harcosok füstöt fújtak a skalp-szedőkre, hogy megtisztítsák agyukat is a mágikus erőktől. Ezután, teljesen megtisztulva jöhettek vissza a falu közösségébe. Hangos éneklés, botok csattogása, lábaik gyors és ritmikus tánca töltötte be a sivatagi éjszakát. Az egész falu népe ünnepelte a győzelmet. A megtisztult harcos megtartotta az általa szerzett skalpot. Nagy elővigyázattal sastollakba csomagolta, egy szögletesen fonott kosárba tette és nádszálban dohányt is tett melléje. Időnként ennivalót dugott a kosárba és beszélgetett a skalppal, hogy baráti legyen a viszony közöttük és ne legyen a skalp egyedül. A skalp most már örökbefogadott családtag lett és hitték, hogy különös erejével segítségükre is lehet. Ez a harcos igen nagyrabecsült tagjává vált a törzsnek, mert az övé volt a skalp, melynek a legcsodálatosabb mágikus erőt tulajdonították.

VÍZ, VÍZ - OH! NINCS VÍZ!

Nézzünk meg néhány fontosabb sivatagi jelleget. Tekintettel a kevés csapadékra és rendszertelen, viharos esőzésekre a növények elsődleges tennivalója a csapadék gyors felszívása, mielőtt a víz lefutna a köves talaj felszinén. A második fontos cél a tárolt víz leggazdaságosabb felhasználása, vagyis az elpárologtatás csökkentése. A csapadékot csak az a növény szívhatja fel gyorsan, amelynek gyökerei a talaj felszínéhez közel vannak és gazdagon elágazóak. Ilyen gyökerekkel még akkor is tud valami vizet kapni, ha csak néhány mm eső volt. Ilyen a legtöbb kaktusz gyökere.

A felszívott vizet a növény földalatti, vagy földfeletti testrészeiben tárolja. Egyes fajok gyökerei gumókat formálnak víz és tápanyag tárolásra, mások nagy mélységre növesztik gyökereiket, hogy vizet találjanak. Az alkalmazkodási módszerek és ezeket szolgáló berendezések igen sokfélék. A leggyakoribb sivatagi fajok, a kaktuszok és más pozsgás növények szárai, illetve levelei tele vannak víztároló sejtekkel. Ezek a sejtek vékonyfalú, lazán épített, szivacsra jellemző felépítésű szövetet alkotnak. A sejtek belső hőmérséklete magasabb, mint a környező levegő, így a sivatagi növények el viselnek 15-20 fokkal magasabb hőmérsékletet, mint a közönséges növények, anélkül, hogy megsűlnének. A másik sajátossága ezeknek a sejteknek az ismételt felduzzadási és összezsugorodási képesség. A nem sivatagi növények sejtjei szétpukkadnának ilyen hatalmas és gyors duzzadás esetén és elhalnának az első erős vízhiány után. A kaktuszok és pozsgás növények a vizet híg, kocsonyaszerű pépként tárolják. Akadnak másfajta növények is melyek száraz éghajlat esetén berendezkednek víztárolásra, ilyen a yukka, amely egy közönséges sivatagi liliomféle. Sok esetben ezek a növények még a kűlső formájukkal is megtévesztően hasonlítanak az igazi kaktuszokra, valózínüleg azért, mert ez a kűlsőforma a legjobban bevált a száraz körűlmények elviselésére (evoluciós alkalmazkodás). Például a Kanári Szigeteken élő őshonos kutyatej (Euphorbia canariensis, 16. ábra) igen hasonlit az orgonasíp kaktuszra (9. ábra) a Sonora Sivatagban.

A sivatagi növények legjellemzőbb és egyben a legfontosabb alkalmazkodása a vízhiányhoz és a nagy hőség okozta fokozott elpárologtatáshoz a fotoszintetikus folyamat módosítása. Ez a folyamat a növények élelmiszergyára, sikeressége a levelek, vagy hajtások felszínén lévő légzőnyílások gazdaságos szabályozásától, a fényerőtől, hőmérséklettől és a színtestek mennyiségétől függ. Normális éghajlati körülmények között élőnövényeknél a gázcseréhez szükséges légzőnyílások nappal nyitva vannak, míg éjszaka becsukódnak. Nincs vízhiány, se nagy hőség, így nem kell gondosan őrködni a nyíláson elpárolgó víz felett. A sivatagi körülmények között forditott a helyzet, mert nappal igen meleg és száraz a levegő, ilyenkor becsukja a növény a légzőnyilásokat, mert ellenkező esetben a forró száraz levegő hamar kiszívná a vizet belőle és a növény rövidesen elhalna. A sivatagi növényekre jellemző fotoszintézist "crassula tipusú" savas metabolizmusnak hívjuk. A fotoszintézis igen bonyolult, sok tényezőtől függő kémiai folyamat. Ez a néhány mondat csak rövidke összefoglaló.

A fotoszintézis elengedhetetlen alapanyaga a fényen kivűl a rendszerint zöld színű festéket, a klorofillt tartalmazó szemcse, zöld színtest (Chloroplasztin). Ezek a zöld színtestek fajokra jellemző elrendezésben, rendszerint a levelekben fordulnak elő. Ez a leggazdaságosabb elhelyezés, mert a levelek felszínén nagyobb mennyiségű festékanyag helyezhető el. A levelek nyújtózkodni és forgolódni tudnak a nap, illetve a fény után és ki tudják használni még az árnyékos növőteret is. A leveleken apró légzőnyílások vannak. Ezeken keresztül veszi fel a növény a szén-dioxidot a levegőből, itt távozik el az oxigén és párolog el a víz. A növény egészséges fejlődéséhez dús koronára, sok levélre, vagyis a lehető legnagyobb fényelnyelő felületre van szükség. A sivatagban az árnyék ritka fényűzés. Itt módosított levelekre és szőrös torkú, süllyesztett légzőnyílásokra van szükség, melyek a legkevesebb vizet veszítik, és óvakodni tudnak a túlmelegedéstől. A sivatagi növényvilág a vízveszteséget csökkenti kisebb levelek, erősen szőrös levélfelszín fejlesztésével (a szőrök csökkentik az elpárolgást, árnyékolnak). A növények a déli órákban a levelek egymáshoz hajlásával, összecsukódásával vagy igen vastag kutikula (bonyolult összetételü zsír-réteg) lerakásával védik a vízkészletet. A legbiztonságosabb életmentő művelet a levelek teljes lehullatása. Ezt amolyan "alvó" állapot követi, a nagy szárazság idején. Ezek a növények átrendezték a klorofill "műhelyeiket" a levelekből a hajtásaikba. Felismerhetjük ezt a túlélési módszert, mert a levélnélküli hajtás rendszerint zöld színű, ilyen a zöldvessző.

A sivatagi növényzettel foglalkozó botanikusok rendszerint háromféle növénycsoportról beszélnek, a túlélési módszerük szerint vannak a menekülők, kerülgetők és ellenállók. A menekülők az eső után megjelenő fajták, néhány hét alatt felnőnek, magot hoznak, elszórják magvaikat és elhalnak. Magjaik menekítik át a fajukat a száraz időszakon a következő esőig és ekkor kicsíráznak. Ilyen a szép sivatagi aranymária.

A második túlélési módszer a levelek lehullatása és nyugalomba vonulás, vagyis az u.n. "alvó" állapot. Ebben az állapotban élik át a száraz idényt. A legérdekesebb iskolapéldája ennek a különleges alkalmazkodási módnak az ostornyél bokor (13. ábra), melyről a sivatagi növények leírásánál szóltam. Eső után egy nap alatt kihajtja leveleit. A kihajtáshoz szükséges esőmennyiség függ a növény kitettségétől, az éghajlattól és más ismeretlen környezeti tényezőktől. A hajtások erősen tüskések és vastag, bőr keménységű viaszréteg takarja őket. A legkeményebb sivatagi fajok alkotják a harmadik csoportot, az ellenállókat. Ezek a növények kialakulásuk során a leveleik helyett tüskéket formáltak és ezzel egyben árnyékolták (és védik) is száraikat. Ezek a kaktuszok. Száruk zöld, itt termelik a tápanyagot. Vastag kutikula réteg takarja a szár felszínét, ez csökkenti a vízveszteséget. Száraik rendszerint harmonikaszerüen tágulnak, hogy minél több vizet tárolhassanak. Gyökereik dúsan széjjel ágaznak a talaj felszínéhez közel, így gyorsan felszívhatják a vizet. Ilyen anatómiai felkészültséggel váltak a kaktuszok a sivatagok állandó lakóivá. Szárazságtűrők és a magas hőmérsékletet is elviselik. Szépségessé varázsolják a napégette hőkatlanokat, megkötik a szikla görgetegeket, otthont, táplálékot adnak és elbűvölnek zöld életerejükkel. Még a legzordabb kőfolyásos szakadékok oldalán is virágzanak és a tikkasztó kiszáradt patakok medrén paprikapiros virágjukkal bámulásra késztetnek, hirdetik, hogy igenis él a sivatag (17. ábra).

Az állatvilágnak is alkalmazkodnia kellett az aszályos életkörülményekhez és természetesen a sivatagi tápanyagokhoz. Ezeknek is minden tevékenysége az ivóvíz leggazdaságosabb felhasználása körül forog. Nézzük meg, milyen módszerekkel élnek a sivatagban.

Ivóvíz legtöbbször nincs, ezért a hiányt a harmat nyalásával, vagy olyan növényeket fogyasztásával pótolja az állat, amelyeknek magas a víztartalma. A gerinces sivatagi állatok egy része az emésztés során vegyi folyamatokkal kiválasztja a tápanyag összes vizét. A vízveszteséget igen tömény vizelet és majdnem száraz széklet kiválasztásával csökkentik. Nem izzadnak, de nappali tevékenységeik miatt szükségük van időnként friss vízre. Gondoljunk a tevére. Sok bogárféle vízhatlan, kitin páncéllal (bőrszövettel) védekezik a vízveszteség és kiszáradás ellen. Például a sivatagi hosszúszarvú bogár. Más, főleg a rágcsálók földalatti lyukakban, szendergő állapotban vészelik át a forró órákat. A zoológusok általában négy alkalmazkodó módszer köré csoportosítják a sivatagi állatokat.

Aszály ellen menekülők, csak akkor mennek a sivatagba, ha elegendő nedvesség van. Az aszályt kerülők az éjszakai vadászók. A nappali hőséget lyukaikban vészelik át. Sok hűllőnek és rágcsáló állatnak ez az életformája.

Aszály elviselők, ezek az állatok elviselik a nagyméretű vízveszteséget. A gerinces aszályt elviselő állatok a meleg és száraz időszakot lyukaikban, szendergő állapotban töltik. Vízszükségletüket leginkább növényi tápanyagokból nyerik, emésztésük és veseműködésük különleges. Izzadságmirigyeik nincsenek. Ilyenek a sivatagi mókusok, egerek és pockok. Természetesen alkalmazkodniok kellett a növényvilághoz, a pozsgás levelek és kaktuszok fogyasztásához és ezeknek megemésztéséhez. Ezeknek a gerinces állatoknak nincs szükségük ívóvízre, tökéletesen alkalmazkodtak a vízhiányhoz.

A fenti leírásból láthatjuk, hogy az állatoknak is igen alapos átalakuláson kellett keresztülmenniök, mielőtt a sivatagot választhatták otthonuknak. A vízhiányhoz legjobban alkalmazkodott kis állat a sivatagi kengurupatkány (Dipodomys deserti). Ez a kis rágcsáló (helytelenül patkánynak hivják, mert kűlsőleg hasonlít rájuk) megél a sivatagban, anélkül, hogy valaha is vizet ivott volna. Főtáplálékát a növények és magok képezik. A veseműködése és emésztése jóval gazdaságosabb, mint a mienk. Vizelete rendkívül tömény, széklete majdnem száraz, mert a vastagbél teljesen felszívja a megmaradt vizet az ürűlés elött. Nincs izzadságmirigye, így nem veszit vizet a bőrén keresztűl. Nappal a föld alatt hűsöl. Lyukjának egyenletes páratartalmát a lélegzésével bíztositja. Úgy az életmódja, mint anatómiai felépítése a legjobban alkalmazkodott a sivataghoz. Elsőlábai rövidek, kiválóak az ásásra. Izmos hosszú hátulsó lábai felemelik testét a forró talajról, miközben gyorsan ugrálva, mintha rugók lennének hátsócombjaiban, elillan az ellensége elől. Lyukhálózatát fűcsomók, kaktuszok, vagy bokrok alatt ássa, ahol könnyebb a munka és az éléskamra is közel van. Ezt ősszel telehordja magokkal. Tavasszal ellik. A szoptatáskor több folyadékra van szüksége, ilyenkor friss füveket és kaktuszok virágrügyeit eszi. Rendkívül jól hall és villámszerűen, gyorsan mozog. Roppant figyelmes, csillogó szemű kis állat.

Jó állat megfigyelő hely az óriáskaktusz erdő, gyümölcs éréskor. Itt megláthatjuk a vadászt és a vadászottat is. Alig van olyan állat a sivatagban, amelyik ne szeretné ezt az édes és húsos gyümölcsöt. Ide jönnek lakomára a sivatagi hangyák, több, mint 80 %-át elhordják a magoknak, miközben le-fel futkároznak a kaktuszon. Méhek, legyek rajzanak a kaktusz virág bóbitája körül. Amikor a földre pottyan az érett gyümölcs, mókusok, egerek, vaddisznók szaladnak a zajra, miközben a kaktuszban fészkelő madarak kiváló vadászlesükből válogatják a vacsorát. Természetesen itt van a kengurupatkány is, kilométereket fut a gyümölcsért. Az egész lakomázó társaságot szemmeltartja a róka és a prérifarkas. A sivatagi vaddisznók gyors csámcsogását messziről hallja a többi állat, malacmódon esznek, szájuk szélén csurog a piros lé. Alsó agyaraik megpirosodva még félelmetesebbek, mint fehéren. Gyorsan kapkodják fel a lehullott gyümölcsöt, s a többi állat menekül a veszedelmes agyarak elől. Nagy a forgalom a kaktusz körül ilyenkor.

A papagok sivatagában nincs állandó folyó víz, vagy patak. A folyómedrek teljesen szárazak az év legnagyobb részében, csak esőzéskor van bennük víz. Az orgonasíp kaktuszról elnevezett park (Organ Pipe Cactus National Monument) déli részén, közvetlen a mexikói határ mentén, van egy friss forrás. A felszínre buzogó víz egy kis tóban gyűlt össze. A papagok a forrást -sonagkam-nak hívják. Az elhagyott kis papago település neve A'al Waipi (5. ábra). Ezt a forrást jól ismerték az indiánok, amolyan zarándokhelyi tiszteletnek örvendett. Több ezer ember életét mentette meg az évszázadok alatt, sokan ittak a vizéből, mosták le a sivatag porát arcukról és hűsöltek a kis liget fáinak árnyékában. Az állandó frissvíz kialakított egy kis oázist maga körül, néhány nagyobb fűzfával, alatta friss füvekkel és virágzó növényekkel. Manapság e kis tó rendszeres madár megfigyelő állomás. Itt megtalálhatjuk a sivatag összes lakóit. Inni, vagy enni jöttek.

A kora reggeli órákban itt dagonyázik a sivatagi vaddisznó (Dicotyles tajacu, 18. ábra). Nem válogatós, mert a kaktusz gyümölcsök és gyökerek mellett a kaktuszok szártagjait is kitúrja és megeszi, természetesen a tüskékkel együtt. A bojtosfülü macska (Lynx rufus) könnyen szaladgál le és fel a kaktuszokon, a tüskemilliárdok között, közben magára hagyott madárfészkek tojásait kirabolja, de az árnyékban mozdulatlanul hűsölő gyík is jó falat. Lopakodva, szinte kúszva, óvatosan, ugrásra készen nyaldossák a vizet. A szürke és apró rókák (Urocyon cinereoargenteus és Vulpes macrotus) is szerencsét próbálnak, az ivóvíz mellett, hiszen jó éléskamra ígérkezik. Hegyes orrukkal a füvek között nyomozgatnak, zamatos egérhúst ígér a környék. Naplementekor meg-megvillan a halkan átfutó gyapotfarkú nyúl (Sylvilagus auduboni) nagy piros füle is, ez a sivatagi legyező, a fülén sűrű vérérhálózattal hűti magát, de vízzel pótolja a friss fűnedvet ö is. Az ezüstös szürkeségből a mogyoróbarna sonorai antilop (Antilocapra americana) fehér fartányérja világít, bojtos farkát felcsapva lendíti magát, ahogy keresztülszökell a gyengén fodrozódott víztükrön. Igen szomjas, de az ivás nagy körültekintést kíván. Egy-egy kortyot iszik, de közben felemelt fővel, bársonyos fekete orrát mozgatja. Szagolgat és óvatosan körülnéz. Az árnyékos nagyobb fák, és friss füvek több bogarat vonzanak. Jobb a fészkelési lehetőség is.

Több olyan madárfaj van, amelyik az óriás kaktusz előfordulási területén éli le egész életét, őshonos. Ilyen az aranyozott mearni kaktuszkopáncs (Colaptes chrysoides mearnsi). Viselkedése elárulja alkalmazkodását az óriás kaktuszhoz. Nem futkoshat le és fel a kaktusz törzsén, mint közönséges kopáncsok teszik, mert 2-5 cm hosszú, merev tüske sorokkal van tele a törzs. A kaktuszkopáncs a kaktusztetején álldogálva előre kiválasztja a lyuk helyét. Ezután mérnöki pontossággal oda repül. Megkapaszkodik a tüskesorok között, kissé félóldalra dőlve, farkára támaszkodva hozzálát a 8-10 cm átmérőjű lyuk kivájásához. Csőre éles, ütése erőteljes. Idővel a lyuk 30-35 cm mély lesz. Közben a kaktusz elzárja a megsértett sejtekből kiszivárgó nedvet. Ez a mézgás váladék megszilárdul és később elfásodva örökre tartósítja a fészket. Ugyanigy viselkedik a gila kaktuszkopáncs (Centurus uropygialis) is fészkének kivájásánál, de ez a faj a kaktusz magasabb részét kedveli, ellentétben az aranyozott mearni kaktuszkopáncsal. Szinte úgy néz ki, mintha előre megállapodtak volna egymás magassági szintjének tiszteletben tartásában, sohasem civakodnak. Ez a két kaktuszkopáncs vájja az összes lyukat a kaktuszok törzsén (24. ábra). Szorgalmas kopáncsolásuk messziről hallható. Legtöbbször a saját tojásaik lerakása előtt más madár költözik a fészekbe, ilyenkor önzetlenül másik lyukat vájnak. Az óriás kaktusz gyümölcsét a kaktuszkopáncsok is szeretik. Szomjasan és éhesen szívják a pozsgás levet és sebessen kapkodják be az apró magok ezreit.

    A virágport hordoznak a siető bogarak, közben gazdagon hozzájárúlnak a madarak lakomáihoz is. A bóbitás légykapó (Mylarchus tyrannulus magister) a harmadik gyakran emlegetett őshonos madár, teljesen az óriáskaktuszra van utalva, 5-8 m magasságban fakopáncs vájta lyukban fészkel. Kibéleli a fészket levedlett kigyóbőrrel, döglött állatok szőrével és más könnyen gyűjthető szeméttel. Junius körül költ. Sem a kifejlett madarak, sem a fiókák nem igen isznak, a megölt bogarakból vonják ki a vizet.

    Két bagoly faj él az óriás kaktusz törzsében, vagy mellette. A saguaro kuvik (Otus asio cineracius) a verébnél alig nagyobb bagoly. Fészke a kaktusz törzsében, ennivalója pedig alatta van. A manó bagoly (Micropallas whitneyi) a világ legkisebb bagolyfajtája, a verébnél is apróbb szürkésbarna, igen gyorsan és halkan repülő madár. Apró hüllőkre vadászik éjszaka. Ha rajtaűtnek akkor halottnak teteti magát. Az említett fajokon kívül nagyszámú állandó madárlakója (galambok, baglyok, sólymok) van a sivatagnak, de ezek megélnek az óriás kaktusz nélkül is. Nyaraló nyári vendég is akad bőven, hiszen ekkor van az esőzés, bőséges a virág és bogár. Különösen a sokféle virágmézet evő kolibrik élvezik a meleg naplementéket és az illatos virágnektár féléket. A tél kellemes, igen ritkán fagy, így sok madár jön telelni az északi hidegek elől. Átutazók is akadnak szép számmal. A sivatagi fakopáncsok, rigók, ökörszemek és más madarak sokasága is látogatja a tavat, hacsak néhány kortyra is, naplemente előtt. Szomjúságtól pihegő csőrökkel csapnak le a víztükörre ezek a fáradt utasok. Idegesen nézelődnek minden korty után, mert sok a ragadozó errefelé. Hosszú ideig isznak, a merészebbek gyorsan még a víz alá is merűlnek, hacsak egy pillanatra is. Utánna rázzák tollaikat, alábukkannak, és újra és újra megrázzák aprócska testüket. Mintha valahogyan nem lenne elég a fűrdés. A nagy fűzfa göcsös ágain megpihennek, rendberakják felborzolt pelyheiket és csőrükkel egyenként kifésülik vezértollaikat.

A legismertebb sivatagi madár a gyalogkakukk (Geococcyx californianus). Bájos, komikus kinézésü madár, a sivatag bohóca. Fejetetejéről égnek meredő, rendezetlen toll-bóbitája furcsán lengedez, ahogy nagy sebességgel futkároz a kaktuszok között. A sebesség ördöge, versenyt fut a gyíkkal, vagy az autókkal egyaránt. Tollai eléggé szinesek, de valahogyan elrendezésük rendetlen kűlsőt kőlcsönöznek ennek az igazi sivatagi lakónak. Közkedveltté vált madár, különösen a gyermekek ismerik jól mókás külsejét és viselkedését. Több televíziós rajzfilmnek a főhőse. Nem válogatós, de kedvenc tápláléka a sonorai csörgőkigyó. Gyorsaságával, kitartó, támadó, és táncoló ugrásaival teljesen kifárasztja és elszédíti a csörgőkígyót. Néha órákig tart ez a viadalom. A teljesen kimerült és mérgét elpazarolt kígyót éles csőrével fejen veri, majd darabokra vagdalva megeszi. A darabok lenyelése is hosszas művelet, de ez valószinüleg az emésztéshez szükséges folyamat.

A Gambel fürj (Gallipepla gambelli) is igen gyakran látható színes, jámbor madár. Talán a legszebb a sivatagi madarak között. Tollai fényesek, rendezettek. Fejetetején fekete előrehajló tollbóbita lengedez, begye fekete, torkán körbefutó fehér gallérral. Hasán fehér kötény, szárnyain rendezett, rozsdaszinű foltok vannak. Megjelenése elegáns, akárcsak bálba készűlne. Bennszülött lakója a sonorai sivatagnak. Tyúk módjára szedeget a kaktuszok között. Sokszor találkoztam egy-egy párral, miközben a növényzetet tanúlmányoztam. Mire fényképezni szerettem volna eltűntek. A kaktusz ökörszem (Heleodytes brunneicapillus) is állandó lakós, ritkán látható, mert leggyakrabban a kaktusztüskék milliárdjai rejtegetik fészkét.

Az oázis peremén a kiálló forró kövek alól időnként fény villant át a forró sivatagi levegőn. Alaposabb nézelődés után rájöttem, hogy a lyukakba bújt kígyók szemei csillogtak, csak fejük körvonalai voltak láthatók, a lyuk szájánál. Ide menekültek a felhevült, forró talaj és a forró levegő elől. Nyelvük őltögetésével óvatosan pásztázták a lyuk bejáratát. Ottlétük engem igen sokszor megijesztett. A kígyók nagy része (24 faj) mérges, a legjobban ismert a nyugati gyémánthátú csörgőkígyó (Crotalus atrox) és a homoki csörgőkigyó (Crotalus ceraster). Mindkettő marása életveszélyes. A homoki csörgőkígyó jelenlétét a homokon hagyott csúszó S szerű nyomok árulják el. Fején, a szem felett kis szarvacskák vannak, melyek csapóajtó-szerüen a szemre záródnak, amikor a kígyó a homok alatt csúszik. Csörgésük emlékezetes és ijesztő. Félreérthetetlen felhívás a gyors irányváltoztatásra. Rendszerint megdermeszti az embert és állatot egyaránt. Nehezen láthatók a kövek, elszáradt füvek és növénymaradványok között. Színlelő alkalmazkodásuk tökéletes, ezért tanácsos óvatosan előre nézni a sivatagban járáskor. Terepmunkáink során rendszerint egy bottal előre ütögette férjem a talajt, hogy ne lepjük meg egymást váratlanul. Gyakran hangos csörgés késztetett bennünket gyors irányváltoztatásra. A környező laza partokon, köves lyukakban, vagy a kaktuszokon és gyökereik alatt élnek a sivatagi egerek (11 féle), mókusok, és a pockok is. Itt gyűjti a friss magokat a kenguru patkány család is. A magokért jöttek ide, a kígyók pedig követték fő zsákmányaikat. Csodálkozva figyeltem a kigyó vadászatát a Sonora sivatagban. Először csak azt láttam, hogy vagy 6-8 kengurupatkány igen nagy rikácsolással, közel egymáshoz le-fel ugráltak az egyik lyuk bejárata körül. A kígyó megjelenésekor egyre hangosabb lett a jajveszékelés. A rágcsálók két hátsó lábukon ugráltak a lyukak körül, keserves sírásukkal figyelmeztették a többieket a veszélyre. Szinte leírhatatlan ijedtség és rémület volt közöttük. Közben a kígyó a legnagyobb nyugalommal becsúszott a lyukba, gondolom összeszedte a kicsinyeket, vagy az alvókat. Egy másik, közeli lyukból kisíklott, láthatóan megrakott hassal. Derékátmérője megkétszereződött, annélkül, hogy kergetőzött volna.

A rágcsálókon kívül a sivatagi rovarok is jelentős szerepet töltenek be a növény-(beporzók) és állatvilág (madarak és más állatok táplálékai) életében. Egyik-másik félelmetes kinézésű, ilyen a tarantella pók, amelyik dacára a közhitnek, nem mérges.

Száraz kérgek alatt, a hőségbe mozdulatlanul várják vacsorájukat a skorpiók. Hajlékony potrokuk végén a tövisük állandóan harci készenlétben van. Legtöbbjük nem jelent halálos veszedelmet, de csípésük igen fájdalmas. Mérges a kis kéregskorpió (Centruroides sculpturatus). Rugószerűen működő potrokvégi tövisével halálos mérgét másodpercek töredéke alatt a bőr alá fecskendezi. Szalmasárga a színe és kb. 5 cm hosszú, szereti a meleg kövek környékét. Itt lesi zsákmányát a narancstorkú gyík is (Cnemidophorus hyperythrus), a legszínesebb bennszülött gyíkféle, nevetséges, mert sokszor csak a hátsó lábain szalad. Talán égeti lábát a forró homok? A kögörgetegek között óvatosan, felemelt fejjel szagolgat a Gila szörnyeteg (Heloderma suspectum). Madárfészket látott a közeli bokorban. Szomjas és éhes. Lassan, de biztosan vonszolja testét a hajtások között. Elfogyott a vastag farkában felhalmozott tápanyag. Ez a gyíkféle halálosan mérgező. Színe fekete, narancs, vagy rózsaszín foltokkal. Hossza 50-70 cm, nehézkesen mozgó állat. Áldozatát harapja, de a mérgét csak rágással tudja beleóltogatni a sértett sejtekbe. Rázárja álkapcsát az áldozatára. Védett, őshonos állat. Alkalmazkodása tökéletes a sivatagi életkörülményekhez. Nem iszik vizet, szükségletét az elfogyasztott madártojásokból és madárfiókákból választja ki. Kimondottan megijedtem, amikor mellettem kitápászkodott a kövek közül. Rusnya állat, Hamar elillantam a környékről.

A kis tónak naponta többszörös vendége a prérifarkas (Canis latrans), vagyis a sivatagi kojot. Gyakran látható, óvatosan vadászgató állat. Az orra állandóan a földet pásztázza, egereket, kígyókat, madarakat keres. Nem válogatós, mindent megeszik. Odujában, rendszerint több kölyök szundikál. Igen szapora. Szinte elképzelhetetlen a sivatag nélküle.

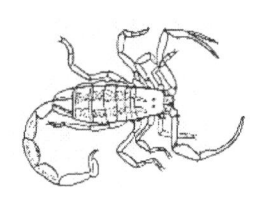

COYOTE: A SIVATAGI PRÉRIFARKAS

A prérifarkasnak különös szerepe van a sivatagi indiánok életében, amolyan túlbecsűlt, szentekhez illő állatnak gondolják, mivel már a világ teremtésekor jelen volt, ő segített I'itoi istenségnek az emberek megteremtésénél az árvíz után. Ahogy hallottuk, a munkáját nem vette komolyan, ezek az emberek sérültek voltak. Némelyiknek a szeme a térdén volt, soknak csak egy keze-lába, másoknak a nemiszerve a homlokán csüngött. Ezeket el kellett pusztítani. Főleg a fenti szereplése miatt a mondák igen sok színben mesélnek a kojot okosságáról, huncutságáról, mindennapi életéről. A sok-sok kojot monda jól tükrözi a sivatagi indiánok szoros együttélését a növény és állatvilággal, legtöbbször a kojot az eseményekben a közvetítő szerepét tölti be. Mindenhol ott van, megjátssza, hogy mindent tud és furfangosságával szorúlt helyzetben elvtelen megalkuvó. Sokszor a kívülállónak nehéz meglátni a különbséget a négylábú kojot és kétlábú társa között.

Az álom is gyakran összekeveredik a valósággal. Ahogy ez a kis monda is mutatja: A kojot a tömörfa alatt alvó indiánt óvatos nyalásokkal felébresztette. Izgalommal mesélte, hogy a sebes, áradó patak partján vadászgatva egy sírdogáló szép leányra talált, aki félt átmenni a vízen. A kojot ajánlotta, hogy ö nagyon szívesen átsegíti a sodró hullámokon. Tanácsolta a leánynak, hogy jól emelje fel szoknyáját és takarja be szemét, ő majd segíti tartani a szoknyát, hogy ne láthassa a félelmetes vizet. Óvatosan átölelte a szép leányt és nagy ügyelettel, lassan keresztül vezette a sodráson. Igen jól tartotta a szoknyát, mondja a legenda, mert a nyár végén, amikor újra segíteni akart a lánynak a átkelésnél, nagy öröm érte, mert a bokorból egy kis gyermekhangját hallotta.

A sok kojot-legenda olvasása közben örömmel észleltem, hogy minden ember jellemében van egy kevés a kojot természetéből. Talán, így látják a misztikum érzelmeivel tőltött papagok is.

SAGUARO ÉS A FELHŐK VARÁZSLATA

A papago indiánok sivatagi otthonának a legkülönlegesebb növénye az óriáskaktusz, vagy ahogy a környéken ismerik: saguaro (19. ábra). Különlegesség, mert földünkön csak ezen a vidéken (Sonora sivatag, Arizona, Baja félsziget, Mexikó) nő. Előfordulási területe teljesen egybeesik a papago indiánok régi és mai településeivel. Nem érezték jól magukat a papago indiánok a magasabb hegyekben. Az apacsi indiánokkal vívott csaták után hamarosan visszatértek a melegebb völgyekbe. A kaktusz sem nő a magasabb kitettségen, és nem tűri a fagyot. Az évezredek során a kaktusz elterjedési területe sokszor változott, ahogy ez a földrész kisebb-nagyobb lehűlésen és felmelegedésen ment keresztül. A két élőlény azonban hűmaradt egymáshoz: az indiánok követték a kaktuszt. Fába vésett kalendáriumi jelekből (Covered Wells Calendar Stick) tudjuk, hogy 1750-1850-ig feltűnően hideg időjárás volt a sivatagban. A kalendárium 1 m havat mutat és a vésett jelek elmondják, hogy a papagok délebbre vagy a tengerpartra menekűltek a hideg miatt. Hamarosan visszatértek sivatagi hazájukba, mert "halálos betegség" lepte el a déli részt. Valószínüleg sárgaláz volt.

Az állandó együttélés és a sivatagi vízhiány kialakított egy különös kapcsolatot az ember és a növény között. Ezek a törzsek az életük ritmusát az óriáskaktusz életciklusához idomították. Az ilyen kapcsolat ritkaság történelmünkben. A kaktusz hatalmas, 10-15 m magas, több tonna sulyú, törzsátmérője eléri a 70 cm-t, és 200-250 évig is elél. Május végén virágzik, hófehér, 100-200 porcelánszerű virágja van (20. ábra). A virágok a karok tetején, körben nyílnak, mint egy virágkoszorú, vagy elegáns kalap. Csodálatosan széppé varázsolják a sivatagot ezek a fehér bóbitás, zöld óriások. Rendszerint csak éjjel nyitott teljesen a virág, főleg nektárdenevérek és a fehérszárnyú galamb porozza be. A virágból néhány hét alatt 6-8 cm hosszú, füge formára emlékeztető, fekete héjú gyümölcs lesz. Belseje vérpiros, és húsos. Ize citromos-málnára emlékeztető. C vitaminban igen gazdag, zamatos gyümölcs. Több száz, mákszem nagyságú fekete mag van a belsejében.

ARATÁS

A **papago indiánok évszázadokon** át gyűjtötték és ma is szedik az óriáskaktusz gyümölcsét. Ez a legfontosabb terméke a sivatagnak, mert akkor érik, amikor legnagyobb a szárazság és más ennivaló nincs. Igen sokszor mentette meg ez a gyümölcs az életüket. Minden falunak saját gyűjtő ligete volt, ide évenként visszajártak. A gyümölcsöt az asszonyok szedték, hosszú rúddal feszítették le, 10-15 m magasról. A rúd az elhalt óriás kaktusz elfásodott váza, a végére kötözött horogfa pedig a tömörfából készült. A gyümölcs belsejét kikaparták és még aznap sűrű szirupot főztek belőle. A gyümölcslevet átszűrték és a magját megőrizték lisztnek. Sokszor szárították a gyümölcsöt télire és lekvárt is főztek belőle, málnához hasonló az íze. A gyüjtéskor néhány hét alatt a finom gyümölcstől mindenki meghízott. Jó kedéllyel, sok mesével, énekléssel dicsérték a kaktuszt és gyümölcsét. A piros belsejű héját mindig az égnek fordítva, a kaktusz alatt, a földön hagyták. Mutogatták a felettük elszálló felhőknek, hogy lassúljanak le és láthassák, hogy szomjaznak a kaktuszok. A gyümölcsszirupból készült az esővarázsló szertartásokhoz szükséges bor, aminek szintén mágikus ereje volt.

Az óriáskaktusz törzse sok állatnak a lakóhelye és éléskamrája. Pozsgás belseje sok bogárnak tanyája, rágcsálóknak eledele, kígyóknak, skorpióknak otthona. Kellemes öröklakásokat váj ki törzséből a kaktuszkopáncs, ezek a lyukak kedvenc fészkelő helyei a madaraknak. A fészek itt teljesen védett és árnyékos. Néha kisebb ragadozók, így a kígyók is menedéket találnak üregeiben. Virágzáskor és gyümölcséréskor pedig amolyan "terült asztalka" van az óriáskaktusz alatt.. A meghalt növény elfásodott váza a sivatag lakóinak a legfontosabb építőanyaga. A kaktusz halálát több esemény okozhatja. Ha a hőmérséklet 24 óránál tovább fagypont alá sűllyed, végleges pusztítást okoz a növényi sejtekben. Nagy szél is kidöntheti a kaktuszt, különösen akkor, ha felszíni gyökérrendszerét meggyengíti a legeltetés, építkezés vagy kőfolyás. A villámcsapás néha szétrobbantja az egész növényt. Az elhalás leggyakoribb okozója egy baktérium (Erwinia carnegieana), amely lebontja a legyengült kaktusz sejtjeit. A szétrombolt sejtek fekete vizenyős sávokban folynak le a növény törzsén. Szomorú látvány. Néhány hét alatt halomba dönti az óriást.

A visszamaradt, rothadó, pozsgás sejtek a sivatag keresett éléskamrái és bölcsődéje a sok sivatagi rovarnak, rágcsálóknak. A kaktusz váza és a kutikulával takart keményebb részek jó menedékhelyet és ennivalót biztosítanak a bogarak, skorpiók, mérges pókok, hüllők, kaktuszegerek és kígyók hadának. De a kaktusz váza hosszú ideig épségben marad. Halálában a termeszek otthonává válik és ezek az apró, szorgalmas állatok lebontják beleikben a cellulózt és a hulladék újra használható talajjá válik. Talán éppen itt és ebből kel életre a zöldvessző csemetéje, amely árnyékában és védelmében csírázik ki az óriáskaktusz magja. Remélhető, hogy egy-két száz év múlva büszke óriáskaktusz fog állni az előbbi elhalt helyén. A papagok évszázadokon keresztül ebből a kaktuszvázból ácsolták nagy gonddal gyermekeik bölcsőjét, építették házaikat és árnyékolták a "ramada"-t is. Még halottaik ravatalát is ezzel takarták be. A csodálatos és mágikus erejű az óriáskaktusz, a bölcsőtől a sírig kísérte őket. Emberöltőkön keresztül ez a kaktusz ittatta, etette és védte az indiánokat és a sivatag legtöbb lakóját. Rászolgált arra, hogy szinte szentként tiszteljék.

KAKTUSZ KALENDÁRIUM

Az indiánok és a sivatagi növények életritmusának összekapcsolódását legszebben a közös kalendárium bizonyítja és dicsőíti. Az újesztendő kezdetét a kaktuszgyümölcs éréséhez kötötték. E sivatagi növény időszakos változása az alapja a papago indiánok időjelzésének.

A mi naptárunk júniust jelez, de a papago indiánoknál most kezdődik az újesztendő, vagyis a kaktuszgyümölcs szedés. Ezt a hónapot "saguaro" hónapnak, (vagy a pima nyelven:Hahshani Mashad) hívják. Amikor a kaktusz gyümölcsszedés befejeződött, ideje volt felkészülni a "nawait" -ra (az esővarázsló szertartás és kaktuszbor fogyasztása). Ez az időszak az esős hónap (Jukiabig Mashad), a mi kalendáriumunk szerint julius.

Augusztus (Shopol Eshabig Mashad), vagy "rövid ültetőhónap" az utolsó alkalom volt a magok elvetésére, mert a később ültetett magvak termékei nem értek be. Ha már elkezdődött az esőzés valamelyik falu határában, akkor tanácsos volt a száraz falvaknak az esővarázsló szertartás felújítása, a további esőért.

A vetés után néhány héttel megállt az esőzés. Ezt az időszakot (Washai Gak Mashad), "száraz fűvek" hónapjának (szeptember) hívják. A nagy hőség és erős napsütés kezdte kiégetni a füveket, zöld színüket elvesztették, sárgásbarna köntöst öltöttek. A hónap vége felé lassan érni kezdett a bab. Közeledett az ősz. Időnként reggeli szél fújt, zizegett a kukorica száradó levele. Kunkorodva, barnára pirulva lógtak az aszott bab-hüvelyek, rostjaikkal szorongattak minden babszemet. Leveleiket lerázta a szél, csak az érett hüvelyek kocogtak egymáshoz. Az elszáradt tökindák fáradtan kanyarogtak a kukorica kupacok között. A kopott kötélnek tetsző indákon, itt-ott a közökben, mókásan napoztak a tökgolyók.

Elérkezett az aratás hónapja, október, (Wi'ihanig Mashad), vagy hűen forditva "a kitartó zöldségek" ideje. Sok volt a munka ilyenkor a falvak körül, mert a termelt növények mellett a sivatagi magvakat, gyökereket, terméseket, gyógyfüveket és minden más élelmiszert össze kellett szedni, hogy magukkal vihessék a téli otthonukba, a hegyek közé. Gyakran előfordult, hogy az eső kevés volt, néha egyáltalán nem esett, ilyenkor az elvetett magok nem csíráztak ki. Tehát teljesen a sivatagi gyűjtögetésre kényszerültek. A sivatagi termés is szegényesebb volt ilyenkor. A vadállomány is leapadt, életmentő szükséglet volt a sikeres vadászat.

Közben lehűlt az idő is, eljött a november, (Kehg S-hehpijig Mashad), "a szép, hideg hónap". Ilyenkor igazán kellemes volt vadászni. A tölgymakkoktól, fenyőmagoktól és a dús hegyi legelőkön meghízott szarvasok, vaddisznók és más vadak várták öket. Az időjárás egyre inkább télies lett a hegyekben, "belsőcsontok" (talán hátgerinc?) hónapja, (Eda Wa'ugad Mashad) ez az időszak, december a mi naptárunkon. A lombos fák levelei lehulltak, hideg, szeles, télies az idő. A tűz köré szorúlt a család. Előkerültek a kukoricamalmok. Ezeket tavaly elásták, mert igen nehéz öket szállitani. Minden családnak ez volt a legértékesebb vagyona. Készítésénél nagy gonddal választották ki a követ, hogy jól feküdjön a földön és nagy súlya legyen. A mozgó, vagy kézi követ a családfő egy hengeralakú köből vízzel csíszolta simára. Sok munka volt ez. A háziasszony keze idővel hozzászokott ehhez a formához. A malomkő állandóan kint volt, darálásra készen. Most is sokszor találnak öreg falvakban elásott, régi törömalmokat. Keresettek ezek a régi bevált darabok. Megpróbáltam a kukorica kömalmot, de bizony kitartó erőre, jó váll-csukló-hátizmokra van szükség. Nehéz munka! Főleg télen fonták kosaraikat, varrták kaktusztüskével a szoknyáikat, kikészítették a bőröket és karbantartották a nyílakat. Sok munkával járt a tüzek állandó életbentartása. A hosszú, sötét esték mesélésekkel, tanításokkal és énekléssel teltek el. Igy adták szájról-szájra a sok mondát, éneket, regét és szertartási szokásaikat. Közben állandóan vigyázni kellett a biztonságukra is. Háborúskodásaik idején rendszerint állandó őrséget tartottak, hogy a váratlan rajtaütést elkerüljék.

Elszáradtak, vagy lefagytak a hegyekben a füvek, elkezdődött a párzási időszak. Erről nevezték el a papago indiánok az elkövetkező néhány hetet (Gi'ihodag Mashad), januártól kora februárig, sovány időszaknak. Ilyenkor gyakran elmentek látogatni vagy dolgozni az északon lakó rokon törzsekhez (pima), vagy délre a mai Mexikóba. Szürkévé változott a sivatag és az erdő is, február volt. Ezt "szürke hónapnak" (Kohmagi Mashad) mondták. Az egyhangú szürkeséget már itt-ott ezüstös csillogás díszítette. A kimosások szélén itt-ott a fűzfa napsütötte barkás ágai ágaskodtak a kék égbe. Ezüstszínű barkák sorakoztak, akárcsak bársonybojtok a szürkés-zöld, csóré hajtásokon. A barkák bársonyos szőnyegén aranysárga porzók millióit remegtette a gyenge szél. Halkan, pihegve, szinte suttogva, arrafelé lépkedett a tavasz. A kaktuszok és bokrok tövében itt-ott már megjelent egy-két tavaszi virág is. Az elsárgult fütövekből is friss nyílszerü zöld levelek csavarodtak elő, de még takarta tövüket a tavalyi, elhalt száraz fűerdő.

A mesquite (Cercidium sp.) bokrok első bársonyos levelei is kiszökkentek a durva, nagy, sárszínü rűgyekből. Két egyenes, éles, csontszínű tüske áll őrséget alattuk. Az új szárnyaslevelek selyemszálak könnyedségével, szinte remegve hintáztak a hajtások végein. "Zöld hónap", vagyis március (Chehdagi Mashad) volt. A felmelegedés március vége felé igen gyors. Hirtelen virágba borul a sivatag. Szinte hihetetlen tarka virágszőnyeg borítja a szürkés-sárga kiszikkadt sivatagi földet. E virágtakaró fajgazdagsága a téli esők mennyiségétől függ. A sivatagi aranymária virágszárai táncosnők módján lengetik szépségüket. Sárga köntösbe öltözik az aranyhegy bokor (Encelia farinosa, pima neve: Tohafs) is, a Sonora sivatag gyakori lakója. Margarétára emlékeztető sárga virágjait hosszú, mezítelen, ragacsos szárakon emeli gömbalakú levélerdője fölé. Az év legnagyobb részében visszaszáradt levelekkel, halottnak látszó hajtásokkal éldegél a köves talajokon. Most kiöltözött és meghazudtolja mindennapi szürkeségét. A papagok felmelegített mézgáját a nyilak készítésénél használták és ezzel vízhatlanították vizestartályaikat. Gyantás mézgáját, mint tömjént égették és fájdalomcsillapitóként, bőrre is kenték. A sok kaktusz is virágba borul. A virágok leheletvékony szirmai és szinváltozatai szinte ellentmondanak a zord és tikkasztóan száraz környezetüknek. Igen megnyerő és feltűnő a jelenlétük. E hónap neve "narancssárga hónap" (Oam Mashad), vagyis április, nyilván nevét a virágok színétől kapta.

A megújulási áldozatok és ünnepségek igen gyakoriak a közelgő esők sikeréért. Ilyenkor főleg az ostornyél bokor (Fouquieria splendens) husángjait használják, mint áldozati tárgyakat. Nagy a hőség a sivatagban, a talaj szikkadt és száraz, sok bokor már öszecsukott levelekkel védekezik a vízveszteség ellen, vagy lehullatta nemrégen kihajtott leveleit. Ha télen nem volt semmi csapadék, akkor sok növényfaj ki sem hajtotta levelét, nem virágzik. A virágzás igen vízigényes folyamat. Az óriás kaktuszok meghazudtolják a tikkasztó szárazságot, dús virágkalapjukkal hirdetik a felújulást, akkor igérik a sok gyümölcsöt, amikor a legnagyobb a szárazság és a hőség. Ez a hónap május (Kai Chukalig Mashad), amikor a "magok feketednek" (óriás kaktuszvirág magja), vagy a "fájdalmas hónap". A szárazság hatását az emberekre, növényekre és állatokra egyaránt ennek a hónapnak a kettős elnevezése fejezi ki legjobban. Az első név a termésre utal, a második feltárja az igazságot. Már elfogyott a tárolt ennivaló tavalyról, a tavaszi friss rügyek régen elfásodtak, a magok, ha termettek, még nem értek be, semmi friss zöldség nincs. Fájdalmas állapotokról tanúskodik a múlt. Gyakran éheztek ilyenkor az indiánok.

NAWAIT - ESŐVARÁZSLÁS

Az esővarázsló szertartást (nawait) ma is megtartják. Úgy gondolom, hogy szükség van a fogalom tisztázására: az indiánok nem csinálnak esőt. Az óriáskaktusz gyümölcséből készült bor fogyasztásával, énekeikkel és táncaikkal kérik a szeleket, hogy hozzanak sötét, vízzel tele felhőket. Közben a kirakott kaktuszgyümölcs vérpiros belsejével csalogatják és marasztalják a siető felhőket. Borral engesztelik, dicsérik és rábeszélik őket, hogy sokáig pihenjenek, lassan mozogjanak, hiszen csak így eshet tartalmasabb eső. Talán ezért az esővarázslás kifejezés közelebb áll a valósághoz. Ennek a kaktuszboros esővarázslási szertartásnak a neve "nawait". Sikere, természetesen nem garantált. Különben a keresztények is hasonló reményekkel könyörögnek a jobb termésért bizonyos husvéti szokások (bárányhús megszentelése, köszönet és remény a szapora ellésért) és körmentek alkalmából (buzaszentelés, jó termésért). Mindhárom esetben a hit csodálatos misztikuma a mozgató erő és legfontosabb tényező.

A "nawait" esőhozó hatásában még most is hisznek. Ismerőseim bevallották, hogy júniusban a felhőket és az esőt várják. Ez a várakozás nem tudatos. Talán a légköri viszonyok az évnek ebben a szakaszában valami nyugtalanságot okoznak a sivatagi indiánok idegrendszerében. Nem tudhatjuk.

A szertartás egy része ismeretlen, mert nagy fokú titokzatosság veszi körül ezt a szentnek hitt esővarázslást. Azt tudjuk, hogy a kaktusz gyümölcs húsából, dacára a nagy hőségnek, szirupot főztek, ezt borrá erjesztették a "nawait" szertartások kezdetére.

Hitték a kaktuszbor mágikus hatalmát és esővarázsló erejét, mert I'itoi istenség is ajánlotta a kaktusz-bor ivását: "... igyátok a kaktusz levét, akárcsak a föld issza a vizet, mert ez meghozza az esőt..." mondotta a papagoknak, amikor a sivatagba vezette őket és tanította az esővarázsló szertartásokra.

A borkészitésnek meghatározott, igen szigorú szabályai voltak. Az erjedési idő során énekeltek, táncoltak és reménykedtek. Ez a borivás régen nem szórakoztató élvezet volt, hanem ünnepélyes szertartás. (Manapság sokszor elfeledkeznek magukról és néha ivási kifogás lesz a szertartás). Hittek a hatásában, hiszen majd minden évben meghozta az esőt. A borivási szertartásra a bort erjesztők futárral meghívták a szomszédos falvak lakóit. A meghívás hosszú verseléssel történt. Elfogadása gyönyörű énekes köszönet volt. Jöttek, hogy részt vegyenek a mágikus csodákban. A falvak népe körülűlte törzsőnökét, aki hosszú szavalattal, énekekkel dicsőítette a bűvös bort. Megénekelte színét, ízét és mágikus erejét. Beszélt a csodálatosan szép, fehér felhőkről és a sok, jó illatú esőről, amit ez a mágikus kaktuszbor varázslatos módon hozott nekik és megnövesztette "vastagra a kukoricaszárat, széles leveleket és szép csöveket" adott. Ezekkel a dicsőítő himnuszokkal festették meg képzeletükben azt a termést, amit szerettek voln. Borral ihlették a lények szellemét ennek beváltására. Ugyanakkor elhitették a körülülőkkel, hogy ez így is lesz. Imádkozás féle volt ez az egekhez és szellemeihez. Ezután sűrűn fonott, szép kosárban körbeadták a bort. Előbb a falú vezetője ivott és rövid beszéddel megint az esőről emlékezett. A többiek, miközben ittak, a felhőkről énekelve válaszoltak és körbe-körbe járt a kosár a bordószinű borral. A szájhagyomány szerint, addig tartott az ivás és éneklés, ameddig a bor. Sok esetben már az ünneplésből hazafelémenet a hömérséklet 35-45 fokról hirtelen majd a felére zuhant. Erős szél verte fel a sivatagi port, süvítve csapkodta a csóré ágakat, megborzolta a száraz fűkalászokat, lengette a kaktuszok szárait és vitte, verte a homokszemcséket. Sötétlila felhők tornyosultak az ég alján, sietve gomolyogtak keresztül az égbolton.

Csak itt-ott csillant meg a bújkáló nap. Lassan a hömpölygő felhők elfeketedtek és villámlás szédítette meg a várakozástól terhes levegőt. Egy pillanatra ezüsttel szórta be a sivatagot. Egyedül az óriáskaktusz fekete, körvonalai ágaskodtak ki ebből a furcsa, ijesztővilágból. A sötétkék égboltot rettenetes mennydörgés rázta, ropogtatta. Morajlott a sivatag. A gyíkok, kígyók és a pockok lyukaikba menekültek. Bokor alá szökkent a nyúl. A madarak félőszemekkel pislogtak az óriás kaktusz tüskéi közül. Rusnya volt az idő. Egy-két kövér esőcsepp verte fel a port és lassan kinyíltak az ég felhői.

    A sivatagnak poros esőszaga volt. Zuhogva ömlött a víz és megváltoztatta a világot. Megpuhult a kemény föld, a futó patakok magukkal vitték a sok lehullott, várakozó magot, kis tócsákba meg-megakadva elmaradtak a kövek között. Itt gyorsan kicsíráztak, néhány nap alatt levél-köntöst öltöttek és zöld fátyollal takarták be a köves, szürke foltokat. A kiszáradt folyók medrében felébredt az alvók rengetege. Bogarak apraja-nagyja sietséggel futkározott, hogy a homokszemecskék víztakaróját lenyalja, nedves levelek csúzdáján sétáltak a méhek. Repülőhangyák dísz-kört röpködtek a tócsák felett. Itt-ott, egy-egy pillanatra násztalálkát látott az áldozatokat kereső prérifarkas. Előbújtak az ásólábú békák (Scaphiopus couchi). Nászdaluktól hangossá vált a feltöltött tó. Csak két napig tarthat a nász. Ilyenkor tojások tömegétől és nászutasoktól habzik ez a zavaros, meleg víz. Sietni kell, mert fogy a víz és veszélyben az élet. A sárga sárteknős (Kinosternon sonoriense) is kiásta magát a kiszáradt földalatti otthonából. Valami ismeretlen erő húzta a vízhez, pedig nem emkékezhet a tóra, hiszen régen fürdött utóljára. Elegáns, halk hangokat hallatt a sivatagi szurokbokor (Larrea tridentata), ritkán nedves hajtásai között násztáncát lejti két csörgőkígyó. Testük lágyan egymásra tekervényezett, szemük a szokásosnál fényesebb, sudár testük összehangoltan elsiklik egymás felett. Jó falatokban igéretes a nyár, lehet, hogy holnapig tart a nász.

    Az indiánok rendszerint az első kiadós eső után vetettek. Az átázott, puha talajba a férfiak egy éles fadarabbal lyukat ütöttek, az asszonyok menet közben beejtették a magot. Feléje egy kis dombocskát kapartak. A kukorica mellé babot űltettek, igy a kukorica szára babkaró lett. A legöregebb családtag az ültetés alatt gyakran beszélt a kukoricához, vagy babhoz: "Itt most bedoblak a földbe. Majd kikelsz és felnőssz, nálamnál is magasabbra, gyermekeim és távoli barátaim is enni fognak". Fából, agyagból kukorica, bab és tök formákat csináltak. Ezeken űlve esténként a család öregjei a fejlődő növényekhez énekeltek. Daloltak a kukoricához, amikor térdig ért, amikor a selymes haj formálódott, köszöntötték a lágyan kibúvó csövet is. Messzezúgó örömdalaiktól és színes táncaiktól vibrált a sivatag forró levegője, ragyogott a felhőtlen kék ég. Hasonlóan sok énekkel ünnepelték a bab és tökfélék növekedését, virágzását. Ezek kóstolgatása buzdította őket az ízeket dicsőítő himnuszok éneklésére.

A SÁMÁNOK JÖVENDŐLÉSE

A napéjegyőség táján a papago indiánok megújulási szertartásokat tartottak. Kérték isteneiket, hogy adjon jó termést az óriás kaktusznak. Megdarálták a kaktusz magvait, kosárba tették és négy kaktusz darabot helyeztek föléjük: északi, déli, keleti és nyugati irányba. Körülűlték a kosarat és egész éjjel énekeltek, közben a sámán jövendőlte a termést. A jelenlévők elfogyasztották a magokat és a négy áldozati kaktusz darabot adtak négy különböző embernek. Ezek később, gyümölcsszedéskor az áldozati fadarabot négy óriáskaktusz tövébe tették. Ezzel serkentették a kaktuszok életerejét.

A megújulási ünnepség keretében szépen beleillik a papago feltámadási monda: A kis gyermek besűllyedt a földbe és édesanyja kérte a prérifarkast, hogy segítsen kiásni a gyermeket. A prérifarkas kiásta, de titokban a gyermeket megette. Csontjait az anyának adta és azt mondta, hogy...."valaki megette a fiadat. Ez az összes, amit találtam...". Az anya kérte a prérifarkast, hogy ássa el a csontokat, az meg is tette. Négy nap múlva zöld hajtás bújt ki ugyanazon a helyen és még négy napra rá egy óriáskaktusz csemete volt ott. Figyelemre méltó, hogy a papago indiánok megújulási legendái hasonlítanak időben és tartalmukban a világszerte ünnepelt keresztény húsvéti feltámadási szertartásokra.

SPANYOL JEZSUITÁK

A **mostoha sivatagi** életkörülmények sem a spanyol hódítóknak, sem a későbbi fehér embereknek nem voltak kívánatosak. Kívülállóknak életveszélyes volt mélyebbre behatolni a sivatagba, mert nem ismerték az ehető növényekct és a vízlelőhelyeket. Ezért a papago indiánok viszonylag hosszú ideig elszigetelten éltek és régi szokásaik tekintélyes részét sikerült megőrizniök.

A spanyolok 1687-ben kezdték el hittérítő munkájukat a papago falukban. Eusebio Kino spanyol Jezsuita létesítette az első hittérítő központot Altar Valley-ben (mai Mexikó). Innen indult ismerkedési útjára a környező indián falvakba. Ajándékba magokat vitt: spanyol búzát, borsót, hagymát és görögdinnyét. Megtanította az indiánokat a spanyol mezőgazdasági módszerekre. Például a papagok a mai napig is lovakkal csépelik a búzát, mint a spanyolok tették a 17-ik században. Később lovakat, szarvasmarhát és juhokat is adtak az indiánoknak. A faluk népe gyorsan meglátta ezeknek az állatoknak hasznosságát. Megtanulták a spanyol nyelvet, az új magok tenyésztését és az állatok gondozását. Rövid idő alatt kiváló szarvasmarhatenyésztők lettek. A jezsuitáktól új vallást is kaptak. A katolikus vallás nem helyettesítette az ö hitüket, a katolicimust egyszerüen csak hozzáadták az övéikhez. A két hit hosszú ideig szépen megfért egymás mellett és ma is békésen keveredik. Kino atya missziót épített a papago faluknak, de halála után ezek a missziók megszűntek. Emiatt az indiánok lejártak télen a mexikói missziókba (Magdalena), ahol részt vettek a katolikus templomi szertartásokon, megkeresztelték spanyol nevekkel a gyermekeiket. Hazajöttek és emlékezetből összeállították a saját katolikus szertartásaikat. Sonorai katolikusoknak hívták magukat. Ma is ezeket a szertartásaikat ünneplik, a saját templomaikban. Szép és megható a katolikus és az indián díszítő és szertartásos elemek, különösen az éneklés keveredése. Megtartották a régi spanyol hittérítő idők szokásait is. Egyszer egy évben elzarándokoltak Magdalenaba (5. ábra). Ott töltöttek néhány hetet a rokonokkal. Amolyan búcsú féle zarándoklat volt ez. Vitték magukkal régi, megbízható szentjük, Assisi Szent Ferenc képét. Itt felujították hitüket, találkoztak régi barátaikkal és rokonaikkal. Ismerettséget kötöttek. Sokat beszélgettek, énekeltek, táncoltak, mókáztak és felelevenítették régi szokásaikat. Ennek az összejövetelnek a múltban nagy híre volt.

A papagok ma is nagy eseményként tartják számon a magdalenai búcsút, mert alkalmat ad baráti összejövetelekre, sok eredeti ének, tánc és szertartás felújítására és megtekintésére. Igen színes és roppant érdekes a búcsú manapság is. Megőrizték különös tiszteletüket Assisi Szent Ferenc iránt. Sokan Kino hittérítőnek, mások I'itoi istenségnek vélik Szent Ferencet. Békésen és szerencsésen keverednek össze a spanyol kereszténység elemei az indián Santu Himdag-al (istenségek). Ennek a "fiesta"-nak (búcsú) a vallásos színezete mellett igen különös jellege a gyógyítás. Hitük és lelki szükségleteik felújitása mellett betegségeik gyógyítására is van lehetőség. Ezt legjobban a gyógyfüvek nagytömegű képviselete mutatja. Majdnem az összes sivatagi gyógynövény megtalálható itt. Dacára a modern orvosi gyógyszereknek, az indiánok nem válnak meg a jól bevált és olcsón beszerezhető gyógyfüvektől. Ma is megtalálhatók azok a gyógyfüvek, amelyeket a misszionáriusok leírtak, amikor Sonorába (tartomány Mexikóban, ahol Magdalena van) érkeztek. A búcsús missziót felkeresik más törzsek is. Tömegesen jönnek az opata, yaqui, mayo, navajo, cora és pima indiánok a találkára.

1800 körül egy Ferences misszionárius jött Tucsonba és észrevette, hogy az indiánokat nagyon érdeklik az elfelejtett katolikus templomi szertartások és a vallásuk. Keresték az Istent és a majdnem elveszettnek hitt katolicizmust, amit a Jezsuitáktól kaptak. A Ferences misszionárius szorgalmazta a ma is álló gyönyörű katolikus templom épitését, San Xavier-t, Tucson mellett (21. ábra). Ez a templom fontos központjává vált a papago indiánok katolikus hitvallásának. Megható és emlékezetes élmény egy kora reggeli vasárnapi szentmise hallgatása ebben a hófehére meszelt, szép vályog templomban. Fehér falait a papago indiánok freskói díszitik. Egyszerüségük, hitük és bájuk eredetiségüket dicséri. Magukat, arcaikat és ruházatukat festették az indiánok, ök dícsérik az új Istent, mint angyalok az oltár körül. Csodálatosan szép és eredeti gondolat. Jellemző a Jezsuiták és Ferences Rendek haladó szellemére és az indiánok új hitvallására. Most a papago gyermekkórus gitáros Allelujája magasztalja a friss sivatagi reggelt. Saját művészi, fonott kosarakból osztogatják a közeli kemencében sütött kenyérdarabokat a szokásos ostya helyett. A környék spanyol lakossága szép számmal részt vesz a szertartásokon. Elegáns spanyolos mantillák (csipke fejkendők) alul gyönyörű fekete hajfürtök omladoztak a kerek női vállakra. A sivatagi amerikai-spanyol-indián cowboy-k legszebbjei, vasárnapi ünneplőjükbe öltözködve imádkoztak e meghitt, sivatagi indián-spanyol-amerikai templomban. Örökké emlékezni fogok erre a sivatagi, papago énekes szertartásra.

A Jezsuita és Ferences rendek iskolákat és egészségi központokat épitettek a missziós templomok mellett. Itt tanították az új vallás mellett az írást, olvasást és egészségügyi tanácsokkal látták el a falut. Sokan a misszió területén éltek, ott dolgoztak és teljes védelemben éltek. A kapcsolat a papago indiánok és a szerzetesrendek között legtöbbször meleg és békés volt. A missziók a falvak központjává váltak. Ez a szokás sok esetben a mai napig fennmaradt. 1821-ben Mexikó köztársaság lett és több papot nem kűldtek az indiánoknak.

1853-ban, amikor az Egyesült Államok megvásárolta Arizonának ezt a részét, a területen több, mint 5,000 indián élt. Igen meglepte az arra vetődött fehér embereket, hogy ezek az indiánok, dacára a sivatagi éghajlatnak letelepedett földművelők voltak. Nem viseltek sastollakból font ünnepi fejdíszt, vagy antilopbőrruhát és mezítláb, vagy szandálban jártak, mokasszin (bőrbocskor) nélkül. A sivatag természeti adottságai ugyanazok maradtak, de a papago indiánok életmódja jelentősen megváltozott a fehér emberek érkezése után.

ARANYÁSÓK

Közben aranyat találtak Kaliforniában. Fehér emberek ezrei indultak Arizónán keresztűl, nyugatra, szerencsét próbálni. Legtöbb aranyásó a Gila folyó mellett sietett az aranybányákhoz, mert ott volt ivóvíz. Itt éltek a pima indiánok, így ezek rövidesen angolul kedtek beszélni, amerikai neveket vettek fel és amerikai ruhákat viseltek. A papagok sivatagában nem volt víz, így az aranyásók oda nem merészeltek bemenni. A Bab Emberek továbbra is elszigetelten éltek és megtartották pima anyanyelvüket. A sivatag magasabb része viszonylag jó legelőnek igérkezett, így a sivatagi indiánok jó állattenyésztők lettek. Az amerikai kormány elsimította az összeütközéseket az időnként megjelenő fehér, földéhes marhatenyésztőkkel, akik az ingyen föld mellett a hegyi vízforrásokat is akarták. A papagok a későbbi apacsi indiánok támadásait már ezekkel a fehér marhatenyészőkkel egyesűlve védték ki. Soha nem fordultak az amerikai kormány ellen, ezért a papago indiánoknak nem volt semmiféle ingatlan szerződésük a kormánnyal.

INDIÁN REZERVÁCIÓK

1874 és 1882-ben két sivatagi parcellát őrzött meg az amerikai kormány a papago indiánoknak, ezek a San Xavier és Gila Bend Rezervátumok. 1917-ben létesült a Sells Rezervátum (Sells Reservation), amit a könnyebb megértés végett a térképeken manapság Papago Rezervátum (Papago Reservation, 5. ábra) néven találunk. Ez a terület és a környéke mindig a papago indiánok otthona volt. Azt nem mondhatjuk, hogy a tulajdona, mert az indiánok nem ismerték a magántulajdont. A rezervátum örökre bíztosította a használatát ennek a területnek, úgy, mint papago törzsi tulajdont. 1917 óta tekintélyes területekkel növekedett a rezervátum. A legtöbb faluban mély kutakat ástak, innen hordják a vizet. Nem kell vándorolniok, letelepedett lakósok. Ilyen szempontból könnyebb az élet, de a vízszükséglet viszonylagos kielégítése jelentősen megváltoztatta az életmódjukat. A rezervátum központja és törzsi székhelye Sells (5. ábra). A rezervátumon manapság 74 település van. Ebből 43 állandóan lakott. Az 1981. népszámlálás szerint 16,307 papago indián élt a rezervátumban és környékén. Sokan a környező falvakban vállalnak állást és csak szezonálisan térnek vissza a rezervátumba. A közoktatás központja is Sells. A federális kormány gondoskodik a távolesők tanításáról. A Ferences Rendek négy egyházi iskolát tartanak fenn a rezervátumban. Nagy az érdeklödés a felsőbb oktatás iránt, amely igen nehezen érhető el a rezervátumon. A papagok jól tudják, hogy a felsőbb oktatás magasabb szintje biztosítja indián kúltúrájuk életbenmaradását és ugyanakkor beleilleszkedésüket a mai életmódba. A spanyol mellett a fiatalok kis része beszél angolul is. Mindenki beszéli az anyanyelvét, a pima nyelvet. Az idősebbek sok esetben csak a pima nyelvet ismerik. A rezervátumban nincs szálloda. Postája, modern 50 ágyas korháza, és néhány boltja gondoskodik a lakosságról. Mélyen vallásos emberek. Minden állandó településnek temploma van. Sok vallás képviselt, a lakosság 75% katolikus. Hitük mellett megtartották közelségüket a természeti lényekhez, tiszteletüket irántuk és bizalmukat bennük. Mindenek felett megmaradtak indiánnak és követni próbálják I'itoi teremtő istenük parancsait is.

Sokan közülük ma is éneklik és mesélik ős-régi mondáikat, anekdótáikat. Szép számmal változatlanul kijárnak kaktuszgyümölcsöt szedni. Most is, főleg az öregek, gyógyfüveket és magvakat gyűjtenek a falukat körülölelő sivatagban. Régi szertartásaikat ma is ünneplik, különösen az esővarázsló és a szarvastánc szertartások ismétlődnek meg évente. A fiatalok új énekeket is írnak, állítólag ezek legalább olyan szépek, mint a régiek. Október végén tartja a törzs az évi kézipari kiállitását és a hires lovasbemutatóját (rodeo). Mindkettö igen népszerű. A sok ezer vendéget nyársonsűlt inyencekkel látják vendégül.

A három rezervátumot 11 kerületre osztották fel, minden kerület szavazással választja képviselőit a törzsi vezetőségbe (Elected Council) és két képviselőt kűld a törzsi tanácsba (Tribal Council). Ezek intézik a helyi törzsi problémáikat. A civil és a törzsi törvények végrehajtásáról a papago rendőrök (8) és a federális rendőrség együttese gondoskodik. Főjövedelmük a marhatenyésztésből ered. Általában szegények. Sokan közülük szociális juttatásból, vagy gyakran munkanélküli segélyből él. Jövedelmük emelésére a rezerváció északi részén megnyílt rézbánya munkalehetősége és a bányászatati jogokból eredő bérek adnak reményt.

Nehéz lépést tartaniok a gyors ütemű fejlődésel, amely körülveszi öket. A megváltozott életmód a régi szokások nagy részét szükségtelenné tette, de a rohanó változások nem adtak időt és sokszor lehetőséget sem a veszendő életmód okozta hézagok bepótlására. Ezek a nehézségek a gyökerei a legtöbb mai problémájuknak.

Szociológusaink egy része az indiánok jelenlegi társadalmi nehézségeit a rezervátumok megszervezésének kezdetére vezeti vissza. A földterület, mint magántulajdon ismeretlen volt, így teljesen érthetetlen volt az indiánoknak a határvonalak fogalma. A rezervátumba kényszerítésük, vagyis kirekesztésük az otthonból, amely részükre határtalan volt és addig tartott, ameddig a szemük ellátott, érthetettlen, erőszakos és megalázó cselekedet volt. Nagyobb fokú ellenállásra ritkán került sor, mert a fehérek módszerei és fegyverei megfélemlítették őket. A rezervátumokon a gyermekeket iskolákba kényszerítették, ahol az akkori oktatási elképzelések szerint az elsődleges feladat az angol nyelv megtanítása és az indián életformák kiírtása volt. Ennek biztosítására sokszor a gyermekeket, 1-2 hónapot kivéve, egész évben a családi környezettől, anyanyelvüktől és szokásaiktól elkülönítve, intézetekben nevelték. Ilyen belterjes iskolai nevelést csak az egyházak tudtak bíztosítani. Az egyházi oktatók elsődleges feladatuknak a pogány gyermekek megkeresztelését tartották. Így az indián gyermekek 1-2 év alatt elvesztették anyanyelvüket, indián szokásaikat, családjukat és indián hitüket is. Anyanyelvüket nem használhatták még egymás közötti beszélgetéskor sem. Megszégyenítették a gyermekeket, ha az úgynevezett elmaradott, "pogány és műveletlen" szokásaikat gyakorolták. Európai ruhákba öltöztették őket, hogy "civilizáltak" legyenek. Szinte nevetséges és feltétlenül elszomorító ez a nevelési módszer, vagy iskolai kép.

Amikor az első fehér telepesek megérkeztek Phoenix és Tucson környékére, és meglátták a mezítelen papago indiánokat megrémülve kinyilatkoztatták, hogy a mezítelenségük bűn. Az indiánok nem ismerték a bűn fogalmát. 1889 december 17-én a fehér telepesek törvényt fogadtak el, szigorúan maguk között, hogy az az indián, aki nappal a város területén tartózkodik fel kell öltözzön. Csak az maradhatott a városban naplemente után, aki ott dolgozott, ellentkező esetben bűnt követett el és mint ilyent börtönbüntetés várta. A börtönbüntetés is ismeretlen volt. E törvény nyomására húzott nadrágot a papago indián, amit a hóna alatt vitt a sivatagban a város széléig, vagy, mivel legtöbbször nem volt neki nadrágja, megkereste a sivatagi szurokbokor (Larrea tridentate) tövében eldugott 'közös' nadrágot és siettséggel magára húzta. Sok esetben a kritikus nyílást szellőzés végett nyitva hagyta, hiszen hőség volt és nem tudhatta, hogy akkörül lehetett a bűn. Sok földig érő, hosszúujjú, nyakig zárt, használt, adakozott női ruha várta a papago lányok és asszonyok seregét. A bokrok alján, a város közelében öltözködtek. Ha a ruha nem ért össze elől, vagy hátul, még job volt, nyitva maradt, legalább szelőzött. Ilyen és hasonló leírások elgondolkoztatják az olvasót. Elszomorító, de főleg megalázó, hogy mindezt a civilizáció nevében tették. Nemrégen hallottam az egyik indián törzsfőnök elmélkedését a mi ruházatunkról, illetve annak hiányosságáról. Szerinte őket felöltöztettük, hogy civilizáltak legyenek és közben mi levetkőztünk. Különösen a víz közelében alig van rajtunk ruha, mondta a törzsfőnök. Hogy lehet, az, hogy mi nem vagyunk bűnösek, kérdezte?

Azóta több indián nemzedék nőtt fel, de nem lehet néhány év alatt visszaadni az elfelejtett nyelvet, a kitagadott szokásokat és tönkretett családi erényeket, vagyis az indián mivoltukat. A mai északamerikai indiántól fehér elődeink elrabolták értékes gyökereiket, melyek évezredeken keresztül ápolták, éltették és múltjukhoz kötötték. Úgy érzem, hogy emiatt a mai félrevezetett indián fiatalság nem találja a helyét, vagyis nem tud beilleszkedni az őket körülölelő új világ változatos nemzetiségű embereinek életritmusába. Problémáik egyedülállóak. Hosszú évtizedeken át szégyen volt bármilyen őslakósi jelleg, hát hogyan lehet hirtelen büszke indiánvoltára, amikor csak a külleme indián, de minden más jelleg elveszett? A felépülésükhez idő, kemény munka, kitartás és komoly felsőbbrendű oktatás szükséges. Részünkről a problémáiknak meghallgatása, megértése, az emberi szeretet és az emberi méltóság megbecsülése kívántatik.

Tecumseh törzsfőnök (Shawnee indián) szépen összefoglalta az észak-amerikai indiánok tulajdonjogi viszonyát Földünkhöz:" Úgyanúgy nem adhatod el a földet, mint ahogy nem adhatod el a tengert, vagy a levegőt, amit lélegzel, mert nem a tied". Ebből az idézetből megérthetjük az indiánok földeladási módszerét is. Az indián nem értette, hogy miért kell a fehér embernek a föld, de, ha kellett neki akkor azt modta, hogy legyen a tied. Odaadta az egész völgyet, a környező hegyekkel együtt, hiszen az nem övé volt, ő csak élvezte, művelte és vigyázott rá. Ilyen "eladással" váltak nincstelenekké és végül is kényszerített rezervátumi hontalanokká. Későn értették meg az indiánok a föld értékét és tanulták meg a fehér embertől a magántulajdon fontosságát. Sok jogtalan vásárlási szerődés egyrésze lassan napfényre kerül.

Fontos megjegyeznem, hogy elődeink azt hitték, hogy jól cselekednek. Követték az állami és szentszéki utasításokat. Úgy érezték, hogy egy barbár embercsoportot nemesítenek és pogányokat keresztelnek. Ebben az időszakban a tengerentúli, kevés hódító nemzetek gazdagodási szándékai ezeket az elképzeléseket diktálták. A kisebb nemzetek, nemzetiségek, vagy törzsek létjoga ismeretlen volt. Ezeknek az embereknek az eltérő szokásaik elfogadhatatlanul barbárnak bizonyultak. Sajnálatos, de ez volt a kor szelleme. A hittérítők és ritka, valós felfedezők mellett jöttek az elszökött hajóslegények, kalandorok, megszökött vagy menekülő rabok, elítéltek, írástudatlanok ezrei. Ide talált a jött-ment, kétséges múltú és gyenge erkölcsű átutazó is. Ezek mind megragadták a ritka lehetőséget a meggazdagodásra, a legkegyetlenebb módszerekkel. Az igazságszolgáltatási ügyekben nem a törvényszék, hanem legtöbbször a fegyverek, illetve a gyorsan és jól célzó, fent jellemzett fehérek döntöttek. Szerintük hatalmas területek álltak üresen, hiszen csak néha-néha láttak itt-ott egy-két "vad indiánt".

 A papago és a többi észak-amerikai indián törzsek között is manapság az alkoholizmus a legismertebb közösségi teher. Az indián hagyományok szerint úgy az alkohol, mint a dohány nem volt élvezeti cikk, csak különleges szertartásokon használták. A szeszes itallal a fehér emberek ismertették meg az indiánokat. A fehér ivópajtások sokszor érdekes szórakozást és gyönyört láttak és sajnos ma is látnak abban, hogy az indián milyen hamar lerészegedik. Tréfából, szórakozásból a fehér ember tanította meg az indiánt az ivászatra. Ma is tilos az alkohol a rezervátumokon, ott nincs italbolt. Részeg ember sajnos annál több van. Most is akad elég fehér ember, aki hajlandó megvenni az italt nekik, legtöbbször igen borsos áron. Nincs sem szellemi sem fizikai ellenálló képességük, kevés alkoholtól is igen részegek. Szomorú látni őket az árok szélén aludni, vagy a sivatagban dülöngélni. No, de melyik ember szép látvány, amikor részeg? A túlzott alkohol fogyasztás legtöbbször leromlott egészségi állapotokhoz, züllött családi és törzsi életkörülményekhez vezet.

 A másik igen súlyos és kevésbbé ismert probléma a nagyszámú cukorbeteg és epehólyagos megbetegedés. 60-70 évvel ezelőtt ezek a betegségek majdnem ismeretlenek voltak a papago és más indián törzsek között. Manapság a lakosság több mint fele cukorbeteg. Az utolsó néhány évben a szív és magas vérnyomásos megbetegedések is megjelentek nagy számmal. A jelenlegi kutatások ennek okát a táplálkozásban keresik. Az orvosok szerint az európai táplálkozás nyersanyagai nem hasonlíthatók össze a papago indiánok régi eledeleivel. Talán ez okozhatja a gyakori megbetegedést. Az átlag indián manapság ugyanannyit és ugyanazt eszi, mint az átlag amerikai fehér ember, az indián mégis sokkal kövérebb és betegebb. A korlátlan alkoholfogyasztás súlyosbítja a cukorbajt és epehólyag megbetegedéseket. A tanulmányból láthattuk, hogy régebben a táplálékuk nagyobb része növényi eredetű volt. Sohasem bővelkedtek az ennivalóban, a legtöbb friss növényi eredetű táplálék idényszerű volt. Ilyenkor jól meghíztak, de rendszerint a következő idényben kevesebb volt az ennivaló, igy ekkor lefogytak. Az évszázadok során talán ez az idényes bőség-szükség táplálkozási mód váltakozása soványan tartotta őket. Talán szervezetük ehhez az ingadozó tápanyag mennyiséghez alkalmazkodott. A cukor, kávé, marhahús, vaj, vagy sajtok rendszeres fogyasztása közrejátszhat a megbetegedésekben. Ezek az élelmiszerek ismeretlenek voltak a papago indiánok között, csak az utolsó 60-70 évben váltak rendszeres tápanyaggá. Azóta emelkedett a fenti megbetegedések száma is. A legújabb kutatási eredmények feltárták a sivatagi növényzet magas tápértékét és bebizonyosodott, hogy fogyasztásuk mérsékelt mennyiségű vadhússal pótolva tökéletesen kielégítő, egészséges táplálkozást biztosít. Például 10 deka kötélkaktusz rügyhajtás több kálciumot tartalmaz, mint egy pohár tej. Felvetődött a gondolat, hogy bizonyos fokig jó lenne visszatérni a gyűjtögető életmódhoz, talán a régi táplálkozási mód megoldaná egészségi problémáikat. Annál is inkább, mert kiderült, hogy az indián fügekaktusz szártagjainak fogyasztása normális szinten tartja a vércukrot.

E napokban tiltotta be az amerikai kormány a peyote kaktusz (Lophophora williamsii) használatát a vallásos szertartásaikon is. Ez a kaktusz több, mint 15 féle kábítóanyagot tartalmaz, a legerősebb hatású közülük a meszkalin. Évezredek óta használják az észak és dél-amerikai indiánok ennek a tüske nélküli kaktusznak a kiszáradt tetejét (meszkál gomb vagy "mescal button"). Szerintük fogyasztása színes és eleven látomásokat okoz és hatása alatt közvetlen kapcsolatokat teremthetnek az isteneikkel. Az utóbbi időben igen elterjedt a használata talán, mert az új Indián Amerikai Vallás (Native American Church) szertartásaiban a peyote kaktusz fogyasztása került a központba. Ezért az állami beavatkozás észszerűnek látszik.

REMÉNYKEDÉSEK

Az örök napsütés és az enyhe téli éghajlat miatt Arizona, különösen Tucson és Phoenix környéke kedvelt telelőhellyé válozott. A városok növekednek, egyre több és több ház tolakodik be az óriás kaktuszok közé (22. ábra), így a sivatagi növényzet ezeknek a településeknek és építkezéseknek áldozatává válik. A szennyezett levegőt a messzi Los Angeles és környékéről gyakran errefelé hozzák a légáramlatok. Hatása a kaktusztörzsek rozsda-barna elszíneződésében mutatkozik. Az óriáskaktusz kipusztulása felmérhetetlen veszteség lenne elsősorban a sivatag növény-állat-ember természetközösségének. Az őshonos kaktusz kihalásával a papago indiánok megmaradt hagyományai is elvesznének, pedig ők több ezer éven keresztül megőrizték ezt a mágikus, szép növényt és termőhelyét. E faj nélkül nem lesz Sonora sivatag, mert e kaktusz kihalása megváltoztatja a talajt, kihalnak a többi sivatagi növények, elpusztul az állatvilág. No és mi marad a pusztulás után?

Nézzük meg közelebbről a kaktuszvédelmi tevékenységeket. Az óriás kaktusz Arizona állam jelképe. Természeti kincsként védett növény. Megrongálását 1000 dollárral bünteti az állam. Megőrzésére alapították a Saguaro Nemzeti Parkot (Saguaro National Monument, Arizona) Tucson város mellett. Ezzel nemcsak a kaktuszt őrzik meg a kiveszéstől, de bíztosítják a papago indiánok esővarázsló és más régi szertartásaik fennmaradását is. Itt a parkban csak ők gyűjthetnek kaktuszgyümölcsöt. Manapság is visszajárnak az évszázados gyűjtőhelyeikre. Dacára a gazdag magtermésnek a kaktusz felújulása lassú, mert a csírázási körülmények rosszak. Sok bogár, rágcsáló és vaddisznó keresett tápláléka a mag, de még inkább a frissen kicsírázott kaktusz. A csemetének védő és árnyékoló-bokorra is szüksége van, mert különben elpusztul. Nagyon lassan nő, az első 2-3 évben csak 5-10 cm magas, 15 éves korában alig 1 m. Ekkor ágazik el, és 40-50 évesen virágzik először. Arizonának ez a része az utóbbi száz évben szarvasmarha legelő volt. A legelő állatok a kicsírázott csemetéknek nagy százalékát kitaposták. A nemzeti parkok területén manapság nincs legeltetés, vagy vadászat, így védettek a növény és állattársulások. Itt a kaktusz (23. ábra) és más sivatagi növények felújulása sokkal jobb. Tekintettel a kaktusz lassú növekedésére, a legeltetés megszűnte óta felújúlt kaktuszok csak unokáink életében válnak óriásokká, ha vigyázunk a levegő tisztaságára és óvatosan tervezzük ház és útépítési tevékenységeinket. A kaktusz tisztelete ma is él az indiánok között. Utazásaink során többszörösen észrevettük, hogy inkább kanyarognak az ösvények és az útak, hogy kikerűljék a kaktuszt. Sokszor széles padkákat hagytak az útszélén a gyökerek védelmére.

Sok legenda, ének, tánc dicsőíti az óriáskaktusz törzsét, virágját, termését, de még a halálát is. A meghitt kapcsolatról az alábbi kis legenda tanúskodik legjobban: Papago nagymama 9-10 éves fiú unokájával lassan mendegélt a sivatagban. Júniusi hőség volt, az öregasszony alig vonszolta a hosszú gyümölcshúzó rudat, fáradt volt. Unokája otthonosan lézengett a sok tüskés bokor között, kavicsokkal dobálózott, játszott. A közeli óriáskaktusz ligetbe mentek gyümölcsöt szedni, de a gyerek nem hozott gyűjtőfát. Hirtelen a nagymamájához fordult és megkérdezte, hogy kövel leverheti-e a kaktuszgyümölcsöt? A nagymama megbotránkozással és igen nagy szigorral válaszolt: "Az óriákaktuszok is indiánok. Soha nem dobhatsz feléjük semmit. Ha kövekkel megütöd a fejét, könnyen megölheted, soha nem bánthatod őket, indián testvéreidet".

JÖVENDŐLÉSEK

Ugyan mit tartogat a jövő a sivatagi indiánoknak? Pillanatnyilag két lehetőségről beszélnek azok, akik szívéhez közel áll ez a probléma: az egyik szemlélet szerint idővel eltűnik a kúltúrájuk és beleolvadnak az amerikai társadalomba. A másik elképzelés nem ennyire határozott, de az előbbinél sokkal népszerűbb, különösen a fiatalok között. Ezek egy kultúrális átalakulási folyamatban hisznek, mely szerint a két különböző kúltúra átveszi, vagy kölcsönkéri egymás jellemző vonásait, vagyis idővel a két kúltúra egyesűl, ha az együttélés huzamosabb. Ez kissé romantikusnak hangzik. A régi jó tulajdonságok keveredni fognak az új, jó tulajdoságokkal? Nem tudhatjuk.

A változás elkerülhetetlen, de nem ismerjük sem az időtartamát, sem a természetét. Az indiánok és hagyományaik eléggé időtállónak bizonyultak a mammut vadászattól a XX. század elejéig. Számuk megháromszorozódott a századforduló óta. Elérkezett az idő arra, hogy úgy gondoljunk az indiánokra és az eldugott kisebb-nagyobb indián településre, mint sok, igen értékes kúltúrális mozaikra. Talán ha a jövőben, közösen annyi időt és erőt fordítunk a két kultúra jó tulajdonságainak nemesítésére, mint a különbségek kiélezésére, akkor az együttélésünk során a sok millió mozaikból emberi értékekben gazdag kincsestárat építhetünk és a környezetünk is védett lesz. Remélem így lesz.

EMLÉKKÖNYVEMBŐL

E **tanulmány hosszú évezredeket** száguldott át néhány oldalon. Természetes, hogy ezalatt nemcsak az indiánok, hanem Földünk klímája, a talajok, a folyók, növények és állatok is változtak. A változás folytonos, sok esetben részünkről alig érezhető, hiszen a fenti és más tényezők együttes hatásától függ. Ha hirtelen bepillantunk az erdőbe, vagy egy sivatagi völgybe akkor azt hinnénk, hogy ez a kép, mint egy festmény befejeződött és állandó. Ez közel sem igaz. Minden élő közösségben, így a sivatagban is találunk napi, évszaki, és ennél hosszabb lejáratú változásokat. Nézzük meg, hogy mi is történik a Sonora sivatagban egy nyári nap alatt. Sétáljunk egy kicsit.

Ahogy a kora reggeli nap aranysárga korongja előbújik a keleti, pirkadó látóhatár mögül, madarak százai köszöntik az új napot. Lágyan szétterül a felkelő napsugár, életre hívja a sivatag apraját és nagyjait. Főleg a kaktusz ökörszem dicséri a friss reggelt. Elegáns táncot lejt a zsinórkaktuszok tüske színpadán és zajos, éles csiripeléssel köszönti az ébredező világot. Néhány perc alatt a sivatagi madárkórus reggeli szonátájától hangos az ezüstszürke táj. Finom, friss virágillat van. Mindig nyugalmat éreztem, úgy, mint a madarak, én is örültem az ébredező gyönyörű sivatagi reggelnek.

A növények készülődnek az új, égető, de ugyanakkor életet adó napsütésre. A felkelő nap elsőnek a sivatag kiránynőjét takarja be ezüst fátylával. Sugarai gyengéden simogatják az óriáskaktusz porcelánfehér, virágos kalapját. Nap felé fordul a sok-sok virágbóbita, eljött az idő a búcsúzkodásra, befejeződött a virágélet, a szírmok a porzókra omlanak. A sárga bibék és porzók között felébred a sok színes bogár is. Kevés az idő, sietni kell az evéssel, mert rövidesen záróra. Szorosan becsukódnak a takarékoskodó virágszirmok, befejeződött a lakoma.

Minden levél a nap felé fordul, hogy feltöltse belsejét a reggeli napsugárral. Kellemes illatú illanó olajokat hordoz a friss szellő, aromatikus növények kábítják a langyos, puha sivatagi levegőt. Talán ilyenkor a legkellemesebb a sivatag.

A felmelegedés igen gyors, a napsütés egyre erősebbé válik. Minden élőlény lassan a föld alá menekül, vagy árnyékba húzódva próbálja átvészelni a déli és kora délutáni perzselő órákat. Csendes a sivatag, semmi sem mozdul. Forró a levegő és a talaj. Felhevűlnek a kövek is. Búzavirág-kék és ragyogóan tiszta az égbolt, tikkasztó hőséget ígér. Bizony az is volt, nem messze Tucson várostól (Arizona) terepmunkánk alkalmával hihetetlen nagy hőséget éreztem, még az árnyékban is. 39 C. volt a vasfa (Alneya tesota) alatt, alig mozogtunk, pedig csak dél volt. Semmi és senki nem mozdúlt, kivéve a keselyüket, akik keringtek a forró légáramlatokon, reménykedtek egy-egy hőségtől elgyengült gyík, egér vagy kígyó haláltusájában.

A növények bezárták légzőnyílásaikat. Nagy sietséggel csukódott össze a sivatagi szurokbokor (Larrea tridentate) páros levele, alján ezüstösen csillogott a szőrtakaró, most nagyon kellett az árnyék. Itt-ott elszáradt levelek pottyantak a szikkadt földre, nincs víz, pihenni tért a növény. A legtöbb bokor hajtásai levelek nélkül, csórén meredeztek a kék égbolt felé. A kaktuszok is megroggyantan, összezsugorodva várták az estét. A füvek szárai elsárgulva lóbálták üres, kiszikkadt halványsárga kalászaikat. A fűleveleket megsodorta és szúrósra szálkásította a hőség.

Napnyugta közelgett. A gyorsan lebukó napkorong narancssárga köntöst öltött. Sugarai megaranyozták az égboltot. Sárgapiros lángnyelvek festették be a látóhatárt. Arany színekben úszott a sivatag. Lilás-rózsaszín köntös takarta a csóré, kiálló sziklaormokat. Minden kö, kaktusz, bokor, és hajtás körvonala élessé változott. Gyorsan lesűllyedt a nap a sötétkék űrbe, és szürke fátylat terített a tájra. Ez a legszínesebb és legbékésebb néhány perc a sivatagban. Sajnos rövid ideig tart, sietős tünemény, de színeiben élénk és hihetetlenül gazdag. Ilyenkor színcsodává változik a papago indiánok sivatagi, mesebeli, botanikus kertje.

Naplemente után újra feléled a sivatag. A madarak fészkükre készülnek, éneklésük csendesebb, nyugodtabb. Fáradtak. Az éjjeli vadászok serege friss erővel ébredezik. A baglyok felújulva, erővel rázzák rendre tollaikat és lassú, komikusnak tűnő nyaktekergetéssel huhognak bele a sötétedő világba. A tarantella pókok délcegi lassúsággal indulnak szeretőt és ennivalót keresni. Mozgásuk felborzolja igen szőrös bundájukat és félelmetessé teszi őket. A prérifarkasok lassan, hosszat nyújtózkodnak és beleásitanak a kellemesen langyos, sötétedő estébe. Megkapóan szép előjátéka ez a közeledő éjszakai ígéretes vadászatnak. Ahogy sötétedik, előbújnak a csörgőkígyók is, nyelveik öltögetésével az egereket, pockokat keresik. Lassan a sötétség leple takarja be a sivatagot, csak az éjszakai vadászok szeme csillan fel néha a fekete világból.

A napi, évszaki, csapadék és hőmérsékleti változások során a növény és állatvilág összetétele is változik. Fajok halnak ki és új fajokat alkot a természet. Remélem tanulmányom során módja volt olvasóimnak megismerni a papago indiánok otthonát, gazdag szellemi értékeit, a természettel tökéletesen összehangolt életmójukat és ebből az életformából kifejlődött, csendes, sok misztikummal megáldott embert. Ez az ember és környezete örökké tökéletes egyensúlyban éltek egymással. Az évezredek során méltó gondnokai voltak a szonorai sivatag élővilágának. De mi fog történni akkor, amikor ez az egyensúly felborul? Ha kiűzzük a sivatag gondnokát és megrongáljuk vagy életképtelenné teszük a sivatag növény és állatvilágát?

IRODALMI FORRÁSOK

Bahti, T. 1987. Southwestern Indian Tribes. KC Publications, Las Vegas. Nevada.

Bryan, A. L.1986. The Prehistory of the Canadian Indians. McClelland and Stewart.

_____. 1970. Southwestern Indian Ceremonials. KC Publications, Las Vegas, Nevada.

Brown, D. E. (ed).1982. Special Issue. Biotic Communities of the American Southwest-United States and Mexico. The University of Arizona for the Boyce Thomson Southwestern Arboretum.

Capps, B. 1973. The Indians. Time-Life Books, New York.

Curtin, L.S.M. 1984. By the Prophet of the Earth. The University of Arizona Press, Phoenix, Arizona.

Dodge, N. N. 1976. Poisonous Dwellers of the Desert. Canterbury Press, Phoenix, Arizona.

Dutton, B.P. 1983. American Indians of the Southwest. University of New Mexico Press, Albuquerque.

Earle, W. H. 1963. Cacti of the Southwest. Desert Botanical Garden, Phoenix, Arizona.

Goodall, D.W. and Perry, R.A. 1979. Arid-land ecosystems. Volume 1. Cambridge University Press. Cambridge, Great Britain.

Gregoni, L. M. and Reihhard, K. J. 1985. Hohokam Indians of the Tucson Basin. The University of Arizona Press, Tucson, Arizona.

Helms, C. L. 1983. The Sonoran Desert. KC Publications, Las Vegas, Nevada.

Keasey, M. S. 1981. The Saguaro Book. Kendall / Hunt Publishing Company, Dubuque, Iowa.

McGhee, R. 1978. Canadian Arctic Prehistory. Van Nostrand Reinhold Ltd., Toronto, Ontario.

Nabhan, G. P. 1987. The Desert Smells Like Rain. North Point Press, San Francisco.

Nadakavukaren, M. és McCracken, D. 1985. Botany. West Publishing Co., Saint Paul, MN.

Shelton, N. 1985. Saguaro National Monument, Arizona. National Park Service U.S. Department of the Interior.

Smith, G.T.1986. Birds of the Southwestern Desert. GEM Guides Book Co., Pico Rivera, Ca.

The World of the American Indian. 1974. National Geographic Society, Washington, D. C.

Underhill, R. 1979. The Papago and Pima Indians of Arizona. The Filter Press, Palmer Lake, Co.

Képes mellékletek

1. ábra. Bering Szoros és Észak Amerika vázlatos térképe.

2. ábra. A jégárak kiterjedése az észak-amerikai kontinensen a Jégkorszak végefelé.

3. ábra. Kő-karcolatok (Petroglyphs) a szabadban, Las Cruces, New

4. ábra. Casa Grande, hohokam indián falu központja. Arizona. Mexikó.

5. ábra. Papago Indian Rezervátum, Baboquivari Peak, Arizona.

6. ábra. Sonora sivatag. Arizona.

7. ábra. Az észak-amerikai sivatagok grafikus ábrázolása.

8. ábra. Az óriás kaktusz (Cereus gianteus). Saguaro National Monument, Arizona.

9. ábra. Orgonasíp kaktusz (Cereus thurberi). Organ Pipe National Monument, Arizona.

10. ábra. Csüngőkötélkaktusz (Cylindropuntia fulgida). A sonora sivatag egyik legelterjedtebb faja. Kedvelt fészek rakó hely. Puerto Penesco, Mexikó.

11. ábra. Előtérben baleol: szurokbokor (Larrea tridentate), óriáskaktusz (Cereus gianteus), szakállaskaktusz (Cereus schotti), és csüngőkötélkaktusz (Cylindropuntia fulgida). Sonora sivatag közönséges fajai, Puerto Penesco, Mexikó.

12. ábra. Tömör fa (Olneya tesota) az ori'askaktusz (Cereus gianteus) nővérfája. Saguaro National Monument, Arizona.

13 ábra. Ostornyél bokor (Fouquieria splendens). Előtérben: szamárbokor (Franseria deltoids). Az ostornyél bokor faját a bölcsőtöl a ravatalig használták. Saguaro National Monument, Arizona.

14. ábra. Szurokbokor (Larrea tridentata). A sivatagi emberek legfontosabb gyógyovye volt. Örökzöld. Yuma, Arizona.

15. ábra. Hagyományos papago kosarak. Kitt, Arizona.

16. ábra. Kaktusz forma kutyatej (Euphorbia canariensis) a Kanári Szigetekről. A kuthatej kaktusz formája és az orgonashíp kaktusz (Cereus thurberi) az evolutió konvergens termekei különböző világrészeneken.

17. ábra. Virágzó sündisznó kaktusz (Echinocereus triglochidiatus). Organ Pipe National Monument, Arizona.

18. ábra. Sivatagi vaddisznó (Dycotiles tajacu). Háattérben: halhorog kaktusz (Mamillaria sp.) Saguaro National Monument, Arizona.

19. ábra. Kiöregedett óriáskaktusz állomány. Saguaro National Monument, Arizona.

20. ábra. Virágzó óriáskaktusz. Saguaro National Monument, Arizona.

21. ábra. San Xavier katolikus templom. Tucson, Arizona.

22. ábra. Házak a kaktuszok között. Tucson külvárosa, Arizona.

23. ábra. Fiatal óriáskaktusz erdő.(Cereus gianteus). S.N.M., Arizona.

24. ábra. Kaktuszkopáncs lyukak az óriáskaktuszon. Saguaro National Monument, Arizona.

Mihály Márta, erdőmérnök, immár ötven éve a Nagytavak közötti London városában él. A londoni egyetem (The University of Western Ontario) növénytani tanszékén biológiát tanitott, majd több éven át a helyi archeologiai múzeumban (Neutral indiánok kutató központja) dolgozott mint önkéntes oktató.

Sokéves ökologiai kutató munkatársként, férjével Orlóci László akadémikussal, betekinthetett a sivatagi biológiai életformák és mintázatok sokaságába. A soproni és vancouveri diplomája (DFE, BSF) rendkivül alkalmas képesítésnek bizonyúlt a mohavi sivatag természet rendjének megismerésében, amelyben az arizonai Papago Indian kúltúra kifejlődött. Ezáltal közelebbről betekínthetett ez őslakók életmódjába, gazdag, sajátos művészetébe. Az "Indián" névvel kapcsolatosan érdemesnek tartja megjegyezni, hogy "e név hivatalosan ma már nem igen használt Kanadában. Elsőnemzetként beszélünk őslakóinkról."

A szerző e kis tanulmánya történelmi ismereteket és sok színes élményt ad át az olvasónak. Így nyilatkozik: "Élményeim és tapasztalataim megosztása, anyanyelvem ápolása és talán a székelyek kissebségi sorsának ismerete ösztönözte az írásra. Életem legnagyobb részét, külföldön töltöttem, Magyarországon csak tiz évet éltem. A Papago témakörhöz tartozó tapasztalataim és kutató munkám az angol nyelvterületekről származnak. A magyar írás ezért már nehezebb, de végtelen nagy örömmel tölt el. A sok hónap, amit Lacival együtt töltöttem a sivatagi növénytársulások között, a Papagok otthonában, élményekben gazdag, szép idők voltak."

Made in the USA
Charleston, SC
15 July 2012